大学で学ぼう

知のスキルアップ 15

漢字文献情報処理研究会 編

好文出版

※本書は日本学術振興会科学研究費基盤研究(B)「情報化時代における中国学次世代研究基盤の確立」(課題番号 23320010 研究代表者・二階堂善弘)による成果の一部である。

■本文中では™・®マークは明記しておりません。

まえがき

　近年、大学における初年次教育の重要性が広く認識され、多くの大学で初年次教育科目が設置されるようになりました。本書は、初年次教育科目として一般的な1年生・半期15回の授業を念頭に、全15課で構成されています。各課は8ページからなり、前半5ページではケーススタディを発端として基礎的内容を解説し、後半3ページは発展的内容を扱っています。前半と後半にはそれぞれ、授業内容のふりかえりや実習課題などのワークを配しています。1回の授業で8ページ全体を学習することが望ましいですが、状況に応じて前半だけでも授業ができるように構成しています。

　多くの大学で初年次教育が実施される背景には、昨今の学生が大学での学びの意味を見失っている、という危機感があると考えられます。本書で学ぶ、主体的に問題を発見し、調査・研究を深め、プレゼンテーションやレポートとしてとりまとめ発表する方法は、未知の問題の解決を旨とする大学の知の根本であり、このスキルは社会に出てからもさまざまに活用できます。このスキルの習得は、本書が目指す初年次教育の大きな目標の1つです。

　また本書は、現代の知的な活動には欠かせないICTの活用を強く念頭に置いています。小学校でウェブ検索を教えている今日、学生に「ネットは使うな、図書館を使え」と指導するのはナンセンスです。とはいえ、現実的にはパソコン教室を使った初年次教育が難しい大学も多いことでしょう。そのため本書の各課は一般教室での授業を前提に記述し、「巻末資料」の各マニュアルを使ってパソコン教室での授業にも対応できるように構成しました。それぞれの状況に応じて、本書を初年次教育に役立てていただければ幸いです。

著　者
2013年1月

目 次

第Ⅰ部　大学生入門　1

- 第1課　大学での学び　3
- 第2課　グループで学ぶ　11
- 第3課　情報モラルとコミュニケーション　19
- 第4課　ノートテイキング　27

第Ⅱ部　情報収集入門　35

- 第5課　情報収集の基礎　37
- 第6課　本を探す　45
- 第7課　論文を探す　53

第Ⅲ部　リーディングと問題発見　61

- 第8課　リーディング入門　63
- 第9課　問題発見　71

第Ⅳ部　レポート執筆とプレゼンテーション　79

- 第10課　調査から研究へ　81
- 第11課　プレゼンテーション入門1　89

第 12 課　プレゼンテーション入門 2　97

第 13 課　レポート・論文執筆の基礎 1　105

第 14 課　レポート・論文執筆の基礎 2　113

第Ⅴ部　まとめ　121

第 15 課　これまでの学びのふりかえり　123

第Ⅵ部　巻末資料　131

Evernote の使い方　133

CiNii の使い方　137

PowerPoint の基礎　139

レポート・論文のための Word の基礎　147

Excel の基礎　157

小論文　165

コラム

就職活動とグループディスカッション　18

ノートのかわりに写メはダメ？　31

近代デジタルライブラリーと Google books　52

「紀要」って何？　60

多読のススメ　70

Wikipedia は引用してもよいか　88

出席点　126

町中ススム
好文大学文学部1年生。
　パソコンが得意で、スマートフォンも使いこなしている。大学では、本を読むよりも友だちと話をしているほうが好き。

山村ミチコ
好文大学文学部1年生。
　パソコン、スマートフォンは苦手。歴史系の本を読むのが好き。ひまさえあれば図書館で本を探している。

キサラギ一郎先生
好文大学教授。
　専門は日本史学。歴史系の授業を担当。学生と気軽に話をしたいと思っている。

ナカマ太郎先生
好文大学准教授。
　専門は表象文化論。専門以外にも様々な授業を担当。グループワークなど、いろいろなことを授業で試したいと思っている。

第 I 部

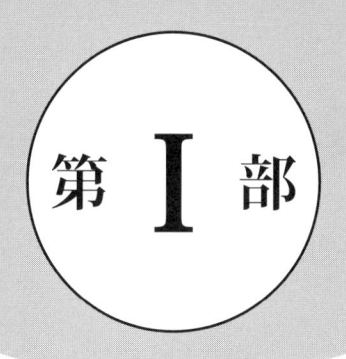

大学生入門

大学生入門

　本書を手にとっている皆さんは、多くが大学に入学したばかりの新入生なのではないかと思います。慣れない大学生活がスタートして、高校までの勉強と様子がまったく違うことにとまどっている人も多いことでしょう。

　第Ⅰ部ではまず、大学ではどのように学んでいったらよいのかを学習します。

- 高校までの「勉強」と大学での「学び」の違い…………☞第1課
- グループで学ぶことの大切さと、その方法……………☞第2課
- 授業をどのように受けるか…………………………………☞第4課

　また、大学生になると交友関係が広がり、家族や友人以外とコミュニケーションをとる機会も増えます。そのために必要な心がまえやスキルについても解説します。

- 情報モラルとコミュニケーション……………………………☞第3課

第1課

大学での学び

ケーススタディ

　大学1年生のススムさんは、大学に入学してから毎日まじめに通学しています。授業はほとんど欠席せず、先生が黒板に書いたことはノートに書き写しています。といっても、先生はあまり板書をせず、ずっと話をしているので、ノートをとるのは高校時代に比べると楽です。

　ススムさんが受けているキサラギ先生の授業「地域の歴史」も、ほとんど板書がなく、先生の話が中心ですので、あまりノートをとることがありません。シラバスで指定されていた教科書は授業中に少し読むくらいで、話の内容も最近のニュースに関する感想みたいなものが多く、ススムさんは何だか損をした気分になりました。

　そして半年が過ぎ、期末テストの時期がやって来ました。試験の時間になり、キサラギ先生が教室に入って答案用紙を配布しました。そして先生は、おもむろに黒板に問題を書き始めました。

　　この授業で扱った概念を用い、現代社会の問題を自由に論じなさい。

　ススムさんは何が問われているのかまったくわかりませんでした。とはいえ、白紙を出すのはいやだったので、うろおぼえの授業の内容を思い出しながら答案を書いて提出しましたが、残念ながら良い点数はもらえませんでした。

考えてみよう

①ススムさんの失敗の原因はどこにあるのでしょうか。皆で話し合ってみましょう。

> ## この課のねらい
>
> ◎ 高校までの「勉強」と、大学での「学び」の違いについて理解する。
>
> ◎ 大学での学び方について理解する。
>
> ◎ 目標設定とスケジュール管理の大切さを理解する。
>
> 　ススムさんの「失敗」の原因の1つは、高校までの授業の受け方そのままで、大学の授業を受けてしまったことでした。では大学ではどのように学べばよいのでしょうか。この課では、大学での学び方について解説します。
>
> 　高校までの「勉強」と大学での「学び」との大きな違いは、自分で問題意識を持って目標を設定する「主体的な学び」にあります。主体的な学びとは、大学の授業で学んだことをベースに、みずから問題意識を持ってその解決を行うプロセスを通じて、さまざまな力をつけることです。
>
> 　主体的に学べといわれても何をしたらよいのかわからない、という学生がほとんどでしょう。大学卒業時、あるいはもっと将来の目標を設定して、それを実現するためのスケジュールを作ることが「主体的な学び」のための1つの方法です。

高校までの「勉強」と大学での「学び」との違い

◎大学では何を学ぶのか

　大学では何を学ぶのでしょうか。その答えは大学によって、また学部・学科・コースなどによってばらばらですが、どの大学でも共通することとして次の3点が挙げられるのではないかと思います。

1 基礎学力・教養
2 学部・学科で学ぶ専門知識
3 未解決の問題を発見し、自力で解決する能力

　このうち1と2は比較的わかりやすいでしょう。英語や中国語などの外国語、パソコンを使った情報処理、人文科学・社会科学・自然科学のさまざまな教養科目が1にあたります。また、法学部であれば法律、医学部であれば医学・薬学など、学部・学科で学ぶ専門知識は2にあたります。これらは大学に入って初めて学ぶことも多いでしょうが、新しい知識を身

につけるという点では、高校までの勉強と重なる部分も多いです。

　一方、❸については高校までの授業であまり学んでこなかったのではないかと思います。高校までの勉強が、大学受験に象徴されるような「正しい答えを出す」ことが中心であるとするならば、**大学では誰もまだ答えを出したことがない未解決の問題を探し出し、その解決にチャレンジすることが求められます。**これは大学だけでなく、経済産業省の提唱する「社会人基礎力」（☞12ページ）などに見られるように、社会に出たときに求められる能力でもあります。

　たとえば高い英会話の能力を身につけるということは❶や❷で学ぶことですが、これは高校までの英語の勉強とあまり変わりません。しかし、その英会話の能力を使って、外国人観光客を増やすにはどうすればよいだろうかと問題を設定し、それについて考えたり実際に活動したりすると、大学生らしい学びということになります。そして、❸をするためには❶と❷で学んだことをベースにしつつも、自分の問題意識に基づいて授業では学んでいないことをみずから調べたり、試行錯誤したりすることができなければなりません。キサラギ先生の授業の試験問題は、まさに❷をもとにして❸の能力を問うものだったといえるでしょう。

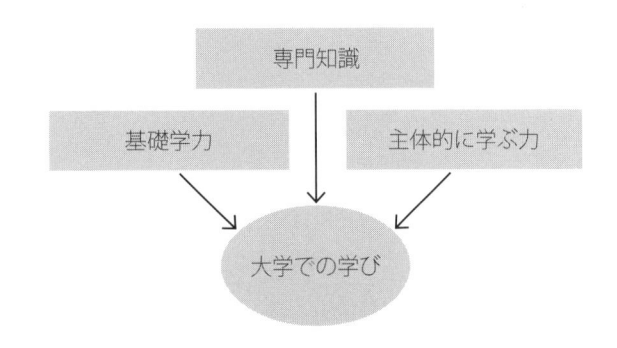

　資格試験などの合格を目標とする学部・学科であれば❶や❷の割合が高くなるでしょう。逆に、地域活性などにとりくむ学部・学科では、❸の割合が高いかもしれません。しかしいずれの場合でも、❶〜❸が多かれ少なかれ含まれているのが大学なのです。

大学での学び方

◎「単位」とは何か

　皆さんが授業の履修登録をするときに読んだシラバスには、「経済学概論・前期・2単位」「情報処理入門・後期・1単位」というように、科目名や開講時期などとともに、単位数が記されていたと思います。では、この「単位」とはどういうものでしょうか。

　「大学設置基準」には **1単位＝45時間の学習** と書かれています。一般的な大学の授業は90分×半期15週ですが、90分授業は2時間と換算するので、2時間×15週＝30時間となります。そして残りの15時間は授業外での自習となります。同様に、半期2単位の授業は90時間ということになりますので、授業時間外に60時間の自習をするのが原則です。

◎自習のしかた

　15 週で 15 時間の自習であれば、授業中に出された課題や、予習復習などを毎週 1 時間ずつやれば達成できそうです。しかし 60 時間となると、毎週 4 時間になり、何をしたらよいのかわからない、という人も多いのではないでしょうか。

　ススムさんの失敗を思い出してください。キサラギ先生の問題は「この授業で扱った概念を用い、現代社会の問題を自由に論じなさい」というものでした。つまりキサラギ先生は、ススムさんをはじめとする受講生に、授業に関連する現代社会の問題について授業外に自主的に調べておくことを期待していたのでしょう（きっと、そのためのヒントを授業でもいっていたのではないでしょうか）。現代社会の問題ですから、自分が関心を持っている事件などについて新聞やニュースをチェックしたり本を読んだりすることはもちろん学習ですし、場合によっては映画を観たり小説を読んだり旅行したりすることも学習になるでしょう。

　ケーススタディのキサラギ先生のように、授業で教科書をほとんど使わない先生もいます。これも自習の時間に教科書を読むこと、特に授業の前に教科書で予習してくることを念頭において授業を行っているからです。

　具体的な自習の仕方については、第Ⅱ部「情報収集入門」も参考になるでしょう。

さまざまな学習スタイル

◎講義以外の授業の形態

　大学での授業の多くは、教員が教壇に立ち学生が席に座って聞く「講義」と呼ばれる形式です。パソコンを使った実習や、体育の授業のような実技の科目もあります。それ以外にも、さまざまなかたちの授業があります。

　「演習」（大学によっては「ゼミ」とも）と呼ばれる少人数形式の授業では、教員よりも受講生が主体となって、研究発表をもとに議論したりチームとして活動したりします。演習で何をするのかは、学部・学科、担当教員によってさまざまですが、最も大学らしい授業であるといえるでしょう。また近年、グループワークや問題解決型授業（PBL = Problem Based Learning）など、主体的な問題解決スキルの向上を重視し、チームで問題意識を共有しながら課題にとりくませるスタイルの授業も増えています。

　学生の身分のまま企業などで就業体験を行うインターンシップを、大学の授業の一環として単位認定する大学が増えています。海外留学でまったく知らない環境に身をおいたり、インターンシップで実社会での問題と直面したりすることは、これまで述べてきた大学での学びにとって大きなプラスとなるでしょう。

　課外活動や勉強会など、授業以外での学びも重要です。教員や大学院生が主催する研究会などにも積極的に参加してみましょう。サークル活動やアルバイトであっても、とりくみ方

次第では立派な学びとなります。組織内の人間関係の問題を発見してそれを改善するよう努力したり、今までやったことがない新しい企画を考えてそれを実現するために努力したり、といったことに主体的にチャレンジしてみましょう。

とりあえず何かをはじめてみよう

　以上述べてきたことは、誰かがお膳立てしてくれるようなものではありません（誰かにしてもらったことを主体的な学びとはいいません）。皆さん一人ひとりが自分で動き出さないと、いつの間にか大学の4年間は過ぎてしまうのです。**どんな小さなことでも、あまり深く考えずにとにかく一歩踏み出すことから主体的な学びははじまります。**

ワーク

①以下の文を読み、内容が正しいと思うものには○を、誤りだと思うものには×を、（　）内に記入しなさい。

　a. 大学の授業における1単位とは、1回の期末試験に合格することである。（　　　）

　b.「主体的な学び」とは、授業に毎回出席し教員のいったことを正確に記憶することである。（　　　）

　c. 大学の授業も高校までと同様、文部科学省の「学習指導要領」で教えるべきことが決まっているので、教員によって授業内容が異なることはほとんどない。（　　　）

　d. 多くの大学教員は、受講生に「しっかりとした知識を身につけてもらいたい」と思うと同時に、「この授業で学んだ知識をもとに、主体的に問題意識をもってみずから考えてもらいたい」とも思っている。（　　　）

　e. 大学での学びは自分で問題を見つけて活動することが中心となるので、基礎学力や専門的な知識はそれほど重要ではない。（　　　）

②大学での授業や試験で、おもしろかったこと・とまどったこと・納得がいかなかったことなどについて、グループで話し合ってみましょう。

③グループ内でお互いに自己紹介してみましょう。このとき、現在自分がとりくんでいるサークル・アルバイトのことや、これからはじめてみたいことなどを、必ず紹介すること。

発展

目標設定とスケジュール管理

◎目標を決めよう

「主体的な学び」ということは、別の言葉でいうと学生一人ひとりのゴールが異なる、ということです。同じ学部・学科に所属していれば、授業の内容は共通しますが、学生一人ひとりの問題意識が異なれば、授業の選択のしかたも、ノートをとるポイントも異なってくるでしょうから、卒業時にはそれぞれ違うものを学んでいるはずです。

これは裏を返せば、**卒業までにどのような知識・能力を身につけていたいか、というゴールを設定すれば自ずと主体的な学びになっていく**、ということでもあります。そして、ゴールを決めると、いま何をすればよいのかについて具体的に考えることができるようになります。

目標の決め方はさまざまです。

- 学生時代にしてみたいことはないか。(海外旅行してみたい、スポーツの大会で優勝したい、幼稚園でボランティアをしたい、など)
- 誰よりも深く知りたい、極めたいと思う分野はないか。(中国の歴史を深く知りたい、プログラミングを極めたい、など)
- 卒業時点でどのような能力を身につけておきたいか。(資格を絶対に取りたい、英会話をマスターしたい、など)
- 10年後・20年後・30年後に、どのような人生を送っていたいか。(音楽と関わっていたい、経営者になりたい、など)

いきなり「目標を決めろ」といわれても、「そんなこと、すぐに決められない」という人も多いでしょう。その場合は、漠然とした目標でもかまいません。**どのような目標でも、とりあえず一度設定してしまうことが大切なのです。**

学習を進めたり、さまざまな経験を積むことによって、それまで魅力を感じなかったものに魅力を感じるようになったり、すぐにできると思っていたものが意外と時間がかかることがわかったりするのは、ごく当たり前のことです。もちろん、手を抜いたり楽をしたりするために目標を修正するのでは自分のためになりませんが、自分の立てた目標が途中で変わってしまうことは、それほど悪いことではありません。

◎To Do リストを作ろう

目標が決まったら、その目標を達成するために何をすべき(To Do)か、リストを作りましょう。

ススムさんと同じ「地域の歴史」の授業を受けていたミチコさんは、漠然と「地元の企業に就職したい」という目標を設定していました。ミチコさんは、その目標を達成するために、何をしなければならないかをリストアップしてみました。

（　　卒業時　　）までの目標：地元の企業に就職する

To Do	期限	お金	備考
「地域の歴史」では、地域社会の伝統産業について学ぶ。			伝統産業についての本を読む
地元の企業について、キャリアセンターで調べる。	前期中		
地元の自治体が発信している情報をウェブでチェックする。	できればいますぐ、毎週	パソコン代10万円？（調べる）	パソコンがないので前期中に買う
地元企業のインターンシップに参加する。	2年生	帰省の旅費（3万円ぐらい）	キャリアセンターで相談

ミチコさんはお金をためるためにアルバイトを始めることにしましたが、ネットで調べたところ地元では昔から食品加工業が盛んだ、ということを知り、それに関係しそうなアルバイト先にしました。「地域の歴史」の期末テストでも、授業で習ったことにからめて、地元の伝統産業の衰退について書いたところ、良い点数をもらうことができました。

このようにして、**「主体的な学び」**を具体化するための方法が、To Do リストなのです。

◎逆算してスケジュールを立てよう

To Do が決まれば、1週間・1ヶ月・半期・1年間・4年間のスケジュールも決まってきます。期限までに目標を達成するため、逆算してスケジュールを組んでみると、その To Do が本当にその期間で達成できるのかがわかります。スケジュールは常に見なおし、目標とあわせて修正しながら、実現に向かっていきましょう。

	月	火	水	木	金	土	日
6:00	起床 授業						

コンピュータを活用しよう

　ここまで述べてきたTo Doリスト作成、スケジュール管理などは、文房具店などに行けばさまざまなグッズ（手帳など）が売っています。また、パソコンやスマートフォンにも、これらの作業を効率化するための有料・無料のツールがたくさん存在します。

　ミチコさんはパソコンを購入した後、先生に教えてもらったGoogleのウェブサービス（http://www.google.co.jp/）を利用しはじめました（図）。Googleにはカレンダー機能（Googleカレンダー）だけでなく、キーワードを登録しておくと、それに関するウェブページやニュースを自動的に収集してくれる機能（Googleリーダー・Googleニュース）があるので、地元や地元企業の情報をチェックするのにも役立っています。

ワーク

① 今年1年間、大学4年間の目標を設定してみましょう。また、10年後・20年後・30年後の目標も設定してみましょう。設定した目標を実現するためのTo Doリストを作ってみましょう（☞巻末ワークシート）。

② To Doリストに基づいて、1週間のスケジュールを立ててみましょう（☞巻末ワークシート）。

第2課

グループで学ぶ

ケーススタディ

　ナカマ先生の授業では、ときどきグループディスカッションが行われます。席が近い人が4・5人集まってグループを作り、先生が指定するテーマについて議論して、それを代表者が発表する、というスタイルです。

　今日も20分間のグループディスカッションを行うことになりました。ミチコさんのグループでは、じゃんけんでミチコさんが司会をすることになりました。司会の経験がないミチコさんは何をすればよいのかわからなかったので、とりあえず、

　　　　「では、皆さん、意見を出してください。」

といってみましたが、メンバーは誰も発言しません。その後も何度か発言を促しましたが、ほとんど誰も発言しません。となりのグループはススムさんが司会をしているようですが、メンバーがニコニコ笑いながら、活発に話し合っているようです。

　20分がたちました。ほとんど発言がなかったミチコさんのグループは、気まずい沈黙のまま時間が過ぎてしまいました。発表の時間になって、ミチコさんはしかたがないので自分の意見を発表しました。ススムさんのグループでは、たくさんの意見が出たのをうまくまとめて発表していました。

考えてみよう

① ミチコさんのグループとススムさんのグループに、このような差が生じたのはなぜか、考えてみましょう。

> ### この課のねらい
>
> ◎ グループで学ぶことの大切さを理解する。
> ◎ グループでディスカッションをするための基本スキルを身につける。
>
> 　大学の授業で行われるグループディスカッションなどは、社会に出てから必要とされるチームで働く力を鍛えるための絶好の機会です。この課では、ブレインストーミングやファシリテーションなど、グループで学ぶための基本的なスキルや、パソコンやスマートフォンを用いたグループ学習の方法について学習します。

社会で必要とされるチーム力

　学生のなかには、「ウチの学部で勉強することは社会に出ても役に立たない」といったことをいう人がいます（文学部などには特に多いようです）。確かにそのような面もあるかもしれません。しかし、**大学での学びで身につく能力のなかには、学部・学科に関係なく、社会に出てからも必要とされる能力がたくさんあります**。チームで学ぶ能力も、そのなかの１つです。

　たとえば経済産業省は、基礎学力や専門知識・スキルに加えて社会人として必要な能力を「社会人基礎力」と呼び、大学で育成すべきであると主張しています。社会人基礎力とは、次のようなものです。

- 前に踏み出す力（アクション）
    - 主体性：物事に進んでとりくむ力／働きかけ力：他人に働きかけ巻き込む力／実行力：目的を設定し確実に行動する力
- 考え抜く力（シンキング）
    - 課題発見力：現状を分析し、目的や課題を明らかにする力／計画力：課題に向けた解決プロセスを明らかにし、準備する力／創造力：新しい価値を生み出す力
- チームで働く力（チームワーク）
    - 発信力：自分の意見をわかりやすく伝える力／傾聴力：相手の意見を丁寧に聴く力／柔軟性：意見の違いや立場の違いを理解する力／情況把握力：自分と周囲の人々や物事との関係性を理解する力／規律性：社会のルールや人との約束を守る力／ストレスコントロール力：ストレス発生源に対応する力

このうち「前に踏み出す力（アクション）」と「考え抜く力（シンキング）」は、前の課で学んだ主体的な学びに関わる能力です。そして、この課で学ぶことに関係するのは「チームで働く力（チームワーク）」です。

大学の授業で行われるグループディスカッションなどは、チームで働く力を鍛える絶好の機会ですし、うまくいけばたいへん楽しい経験にもなります。いきなりディスカッションするとミチコさんのグループのようになってしまいがちですが、いくつかのテクニックを身につければそれほど難しいものではありません。ぜひ、積極的にグループでの学びに参加しましょう。

グループディスカッションの基本スキル

◎アイスブレイク

アイスブレイクとは、特に初対面の人が多いグループでは重要なプロセスです。グループのメンバーの緊張をほぐし、メンバーがお互いのことを知り合ってスムーズにディスカッションに入るための、レクリエーション的な要素をもったテクニックのことをいいます。アイスブレイクにはいろいろなやり方がありますが、以下にいくつか代表的なものを挙げておきます。

- 席替え（グループの席順を名前順や誕生日順で並べ替える。話すのを禁止してゼスチャーで伝えさせるなど、ゲーム性を高めるとおもしろい）
- 記者会見（グループのなかの一人が自己紹介した後、残り全員が記者となって質問する）
- 他己紹介（グループのなかで二人一組のペアを作り、お互いにインタビューさせる。その後、パートナーを全員に紹介する）

授業中の短い時間ではアイスブレイクするのが難しいかもしれませんが、簡単に自己紹介するなどして、お互いに話しやすい雰囲気を作ってください。

◎司会者を決める

限られた時間で効率的にディスカッションをするためには、誰かが司会役になって話の流れをコントロールしたほうがよいでしょう（☞発展「リーダーシップとファシリテーション」）。

◎道具を使おう

グループディスカッションをするときには、発言者の発言を書きとめておかないと、単なるおしゃべりになりがちです。ノートなどに書いてもよいのですが、ホワイトボードや黒

板・模造紙などを用意してそこに書き込むようにすると、意見を共有しながらディスカッションできます。また、ホワイトボードなどに直接書くのではなく、大きめの付箋紙に書いて貼りつけたり、B6判くらいのカードに書いて机の上に並べたりすると、意見をまとめやすくなります（次の「ブレインストーミング」を参照）。

また、メンバーの名札や発言者を示すボール（ボールを持った人だけが発言できる）、発言時間やディスカッションの時間を区切るためのタイマーなどがあると、ディスカッションしやすい雰囲気を作ることができ、司会もスムーズになります。

ブレインストーミング

グループで意見を出しあうための基本テクニックとして、**ブレインストーミング**という方法を紹介します。たとえば、大学のそばにある○×古墳の保存問題についてグループで意見を出しあう、という課題が出たとします。

1 メンバーが思いついたことをどんどん付箋やカードに書いて並べていく

この場合、次の4つのルールを守るようにします。

- 他人の発言を批判しない。
- 大ざっぱな意見や奇抜な意見も歓迎。
- 質より量。
- 他人の意見への便乗を歓迎する（後のグルーピングがしやすくなる）。

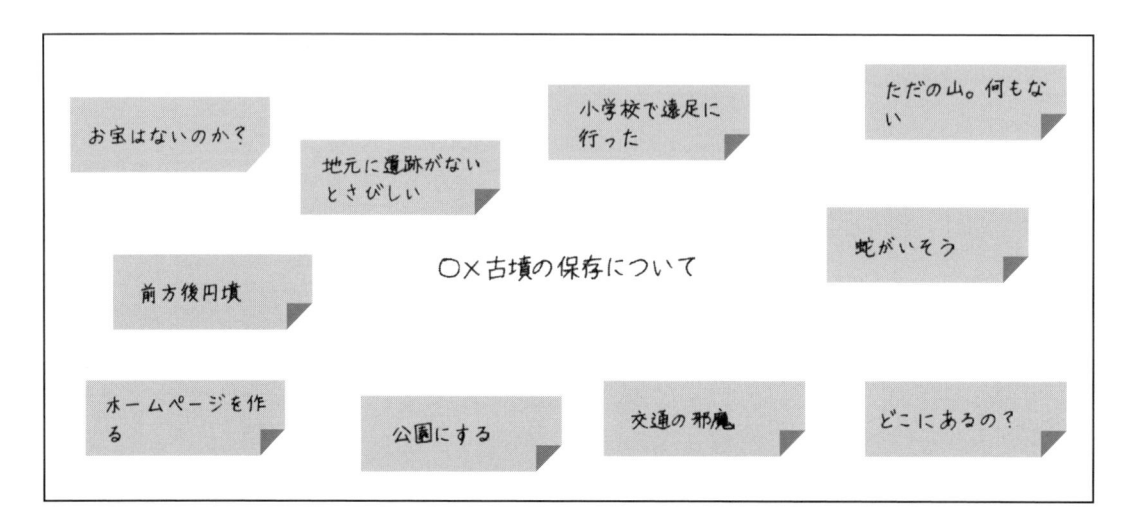

```
┌─────────────────────────────────────────────┐
│   お宝はないのか？      小学校で遠足に    ただの山。何もな   │
│                         行った              い                │
│            地元に遺跡がない                                   │
│            とさびしい                                         │
│                                              蛇がいそう       │
│      前方後円墳         ○×古墳の保存について               │
│                                                               │
│   ホームページを作                                            │
│   る           公園にする    交通の邪魔    どこにあるの？    │
└─────────────────────────────────────────────┘
```

2 同じような問題の付箋・カードをグルーピングしてまとめていく。

ここでまとまったことを、文章化したり発表したりするための材料にします。

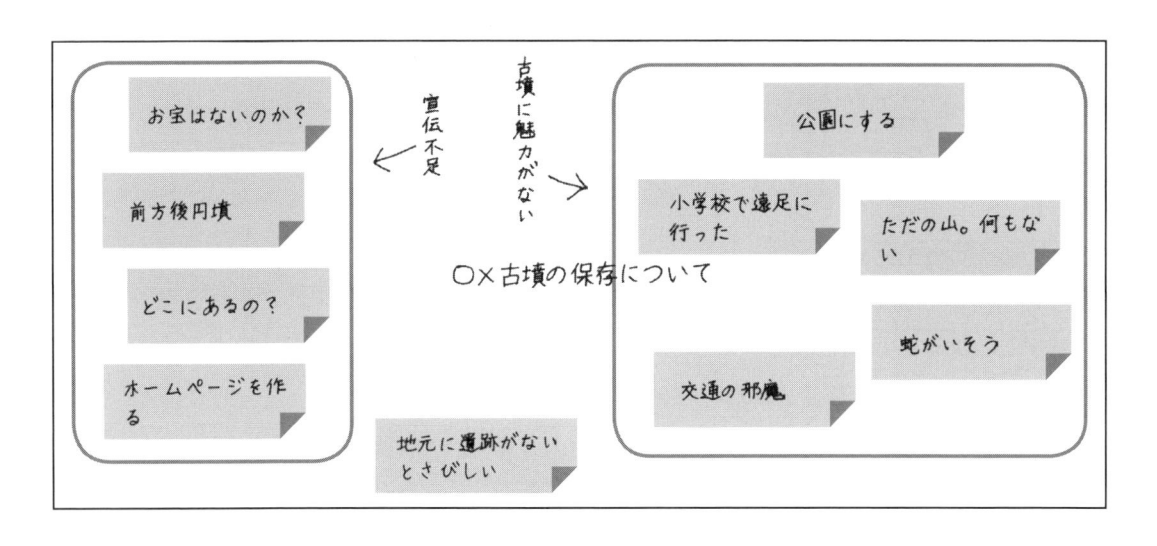

```
┌─────────────────────────────────┬──────────────────────────────────┐
│                                 │         公園にする                │
│   お宝はないのか？    宣伝不足  │                                  │
│                       ←  古墳に │  小学校で遠足に                  │
│   前方後円墳            魅力が  │  行った          ただの山。何もな │
│                       →  ない   │                  い              │
│   どこにあるの？                │                                  │
│                  ○×古墳の保存   │                  蛇がいそう      │
│   ホームページを作   について   │  交通の邪魔                      │
│   る                            │                                  │
│                                 │                                  │
│        地元に遺跡がない         │                                  │
│        とさびしい               │                                  │
└─────────────────────────────────┴──────────────────────────────────┘
```

ワーク

①以下の文に該当する単語を、下の選択肢から選びなさい。

a. グループで行うアイデア発想法の1つ。実現可能性にこだわらず、自由な連想でアイデアを出すのが特徴。　　　　　　　　　　　　　　　　　（　　　）

b. 経済産業省の「社会人基礎力」のなかの1つで、「現状を分析し、目的や課題を明らかにする力」とされているもの。　　　　　　　　　　　　（　　　）

c. 会議やグループワークのまえに、参加者間の緊張をほぐすこと。（　　　）

　　選択肢：㋐ブレインストーミング　　㋑アイスブレイク　　㋒課題発見力
　　　　　　㋓ファシリテーション　　㋔就活力

②5～10人のグループに分かれて、以下の問題についてブレインストーミング（カードに意見を書き出しグルーピングするところまで）をしてみましょう。

a. 大学の授業の改善
b. 大学の施設の改善
c. 日本と東アジア諸国との関係
d. 結婚の必要性

> 発展

授業外のグループ学習のためのツール

◎パソコンやスマホで効率化

　グループでの学習は必ずしも教室のなかだけに限りません。授業中にグループに対して課題が与えられることがしばしばありますが、そうした場合には授業時間外にグループで集まって課題にとりくまなくてはなりません。

　メンバーがスケジュールを調整したり連絡をとりあったりするときには、直接会って話したり同報メールを送ったりしてもよいですが、以下のようなサービスを用いることでよりいっそう効率化することができます。

- メーリングリスト
- SNS（☞22ページ）
- オンラインのカレンダー共有サービス

　メーリングリストとは、①代表のメールアドレスにメールを送ると②登録されたメンバー全員にメールが配信される仕組みのサービスです（右図）。いちいち同報メールにしなくてもよい、という利点があります。ただし、メールの宛先のアドレスと受信者のアドレスが異なるため、携帯電話などではしばしば不審メール扱いになることもあります。

　このような**メールを使ったスケジュール調整**などは、**大学生活中はもちろん社会に出てからも日常的に必要になります**。こうしたツールの使い方についても、学生のうちから経験を積んでおきたいものです。

◎グループディスカッションのためのオンラインツール

　学生が授業外でグループディスカッションなどをするために、グループ学習室やラーニングコモンズ（☞50ページ）・共同研究室などが設置されている大学も多いと思いますが、メンバーの都合で全員が揃わないこともあるでしょう。その場合には、上に書いたメーリングリストやSNSの掲示板などを使って議論することもできますが、インターネット上でグループディスカッションができるサービスを利用するのも手です。

　たとえばGoogleの提供する各種サービスには、インターネットを介したグループディス

カッションをするために便利なツールがいくつか含まれています。

- インターネット上で電話会議・テレビ会議などができる Google+ 内の「ハングアウト」（右図）
- 複数人で同時編集できるワープロ・表計算・プレゼンテーションなどが利用可能で、グループディスカッションのホワイトボード代わりにも使える「Google ドライブ」

Google にはメーリングリスト（Google グループ）や SNS（Google+）・カレンダー共有（Google カレンダー）などのサービスもあり、無料のアカウントを1つとっておくだけでこれらさまざまな機能が使えるようになります。このほかにも Skype なども同種のサービスを提供していますので、調べてみてください。

リーダーシップとファシリテーション

◎調整役の必要性

　グループでの学習は、リーダーがいたほうがスムーズに進むものです。特にグループディスカッションするときには、13ページでも触れたように、必ず司会者を立てるようにしましょう。

　リーダーや司会者の主な役割はメンバー間の調整役です。特に、グループディスカッションなどでディスカッションしやすい場を作り、議論を調整しながら結論まで導くような能力のことを**ファシリテーション**と呼び、それができる人のことをファシリテーターといいます。ケーススタディで見たミチコさんとススムさんの違いは、ファシリテーションについて知っているかどうかの違いだったのかもしれません。

◎ファシリテーションのためのテクニック

　司会やファシリテーターなんて難しい、私にはできない、と思うかもしれません。確かに予備知識も何もないまま司会をしても、ミチコさんのようになってしまうでしょう。しかしたとえば、次ページの例のようなルールをあらかじめ決めておいて、メンバーで共有しておく（可能であれば全員から見えるように掲示する）だけで、意外とスムーズにディスカッションできるものです。このルールは、グループディスカッションごとにファシリテーターが設定し

ますが、ディスカッションに慣れていないメンバーが多い場合にはルールを少なくするほうがよいでしょう。

このようなファシリテーションのテクニックを解説した本がいくつか出版されていますが、ここでは参考文献として次の本を挙げておきます。

- 森時彦『ファシリテーターの道具箱─組織の問題解決に使えるパワーツール 49』（ダイヤモンド社、2008 年）

> ルールの例
> - 発言は一人 1 分以内。
> - 遠慮しない。タメ口でしゃべる。
> - 人の話をさえぎらない。
> - 脱線しない。
> - 誰かが発言したら必ずほめる。
> - 発言するときは、必ずほかの人の発言を引用して自分の意見を述べる（ミラーリング）。

―コラム―

就職活動とグループディスカッション

近年、企業説明会や就職試験でグループディスカッションを行う企業が増えているそうです。企業の採用担当者は、12 ページで述べた社会人基礎力の「チームで働く力（チームワーク）」にあるような発信力や傾聴力、ほかのメンバーとの協調性、そしてファシリテーターとしての能力などが就活生にあるのかどうかを見ています。このような能力は、ペーパーテストや面接ではなかなかわからないので、実際にグループを組ませてテストしているのです。

ワーク

①前半で行ったブレインストーミングをもとに、5 分間、グループディスカッションしてみましょう。

②①で行ったディスカッションについて、どこがうまくいってどこが失敗だったか、下のチェックリストを使ってふりかえってみましょう。

　□質より量で、意見をたくさん出せたか。
　□発言が長すぎたり、ほかのメンバーの発言を遮ったりしなかったか。
　□ほかのメンバーの意見を批判しなかったか。
　□ほかのメンバーの意見に便乗して、発展させることができたか。
　□発言をほめあうなど、ディスカッションしやすい雰囲気を作ることができたか。

第3課

情報モラルとコミュニケーション

ケーススタディ

　ミチコさんは大学生になったのを機にスマートフォンを買ったので、ついでにメールアドレスを変えることにしました。そこで、大学のクラスメイトや高校時代の友人宛に、いっせいに次のようなメールを送りました。

宛先：aaa@docomo.ne.jp, bbb@ezweb.ne.jp, ccc@softbank.ne.jp, …

件名：

メールアドレス変えました。
よろしくお願いします m(_ _)m

　しばらくして大学のクラスメイトのススムさんから「お前は誰だ？　人のメールアドレスを勝手に晒すな！」という内容のメールが届きました。ススムさんとはこれまで何度かメールをやりとりし、比較的仲が良いと思っていたので、なぜススムさんがこんなに怒っているのか、ミチコさんにはよくわかりませんでした。

考えてみよう

①ミチコさんのメールの問題点を挙げてみましょう。

②ミチコさんの立場になって、メールアドレスを変更したことを伝えるメールの文例を考えてみましょう。

> ## この課のねらい
> ◎ 情報セキュリティ・情報モラルについて理解する。
> ◎ 教職員や学外の人々とのコミュニケーションについて学ぶ。

　大学生になると、交友関係が広がるとともに、家族や友人などの親しい人々とだけでなくこれまで接することがなかった人々とコミュニケーションをとる機会が増えます。また近年、インターネットが発達しSNSなどのサービスやスマートフォンなどの情報端末が広く普及していくなかで、多種多様な人とのつながりが生まれています。

　このようにコミュニケーションの機会が増えたことで、新しい出会いや学びの機会が得られるようになりましたが、その一方でトラブルにまきこまれたり、不注意で失敗したりする人も増えています。大学生は大人ですから、そのような失敗を犯したら自分で責任をとらなければなりません。

　この課では、インターネットを中心とした情報社会でトラブルに巻き込まれないための心がまえを身につけるとともに、メールの書き方についても学びます。

情報社会の常識

情報セキュリティについて知る

　大学生になってパソコンやスマートフォンを買った、という人も多いことでしょう。皆さんのパソコンやスマートフォンのセキュリティ対策は万全でしょうか。インターネットにつながったパソコンやスマートフォン、そしてそれを使うユーザの皆さんは、以下のようなさまざまなトラブルや犯罪に巻き込まれる可能性があります。

- マルウェア（コンピュータウイルス・スパイウェア）による攻撃
- クラッカー（ハッカーとも呼ばれる）による外部からの侵入・パスワードの盗難など
- フィッシング詐欺・ワンクリック不正請求詐欺などの各種詐欺
- 不正ダウンロードなどの法律違反

　これらの危険性やトラブルは、大きく2種類に分類することができます。1つは技術的なもので、コンピュータやスマートフォンの脆弱性をついたマルウェアや外部からの侵入などがこれにあたります。これらの問題は、ウイルス対策ソフトやパーソナルファイアウォール

などをインストールし、適切に設定することで防ぐことができます。

もう1つは心理的なものです。実は、インターネットでおこるトラブルの多くは、こちらになります。インターネットを楽しんでいる最中に、違法にアップロードされた音楽ファイルや映画のデータなどを見つけることがあります。誘惑に負けてそういったものについ手を出してしまうと、そこにウイルスがしかけられていたり、ワンクリック不正請求詐欺などにひっかかったりすることがあります。

これらのトラブルから身を守るためには、**インターネットやコンピュータについての正しい知識**を身につけることが大切です。そして、**誘惑に負けず心理的な攻撃にひっかからないような心がまえ**を身につける必要があります。

法律を知ろう

トラブルは外部からの攻撃だけではありません。ユーザが社会のルールについて無知であったために起きてしまうトラブルもあります。パソコンやスマートフォンで作業したり、インターネットを活用したりする場合には、以下に挙げたような法律について概要を知っておきたいものです。

- 著作権法
- 不正アクセス行為の禁止などに関する法律（不正アクセス禁止法）
- 個人情報の保護に関する法律（個人情報保護法）

たとえば、テレビ番組の映像やCDの音楽などをYouTubeやニコニコ動画などに許可なくアップロードすることはもちろん著作権法違反ですが、それをダウンロードした場合にも違法になります（2年以下の懲役もしくは200万円の罰金またはその両方）。ケーススタディで紹介したミチコさんの失敗は、個人情報保護法違反ではありませんが、個人情報の取り扱いに関するルール違反・マナー違反であることはまちがいありませんので、信用を失うことになりかねません。

以上の例は、本書が書かれた時点での話ですが、インターネットの世界の目まぐるしい変

化に合わせてこれらの法律もどんどん改定されていますので、常に最新の知識を知っておきたいものです。インターネットのセキュリティやマナー、法律についての詳しい解説は、本書の限られたスペースでは難しいので、参考文献・ウェブサイトを挙げておきます。

- 独立行政法人 情報処理推進機構セキュリティセンター『情報セキュリティ読本 四訂版』(実教出版、2012年)
- 特定非営利活動法人 eラーニング教育開発センター「子どもたちと学ぶ著作権・肖像権・個人情報保護」http://www.eled.jp/kodomochosaku/

SNS の心得

◎SNS のメリット・デメリット

　近年、SNS(ソーシャル・ネットワーキング・サービス)と呼ばれるサービスが急速にユーザを増やしています。同じ趣味の人々とつながったり、インターネット上で友人・知人と気軽にコミュニケーションをとったりすることができるこれらのサービスは、うまく活用すればさまざまなメリットがあります。実際、自分の関心に近いテーマの講演会の情報を集めたり、就職したいと思っている業界の人とコネを作ったりと、SNS を使って自分の活動範囲を広げている人も多いと思います。

　一方で、SNS 上でトラブルに巻き込まれる学生も少なくありません。マナーやモラルを欠いた見知らぬユーザにしつこくからまれるというようなこともありますが、自分の不注意からトラブルを招くこともあります。

　ついやってしまうのが、自分が SNS のなかで書いたことは友人・知人だけしか読んでいないと思い込んだ結果のうっかり発言です。友だちとの会話であればジョークで済むようなことであっても、しかしそれを読んだ第三者は眉をひそめるかもしれません。テスト期間中、ある SNS の誰でも見られる場に「カンニングしたぜ!」といったことを書き込んだ大学生が、それを見とがめた多くの SNS ユーザによって非難(いわゆる「炎上」)されたあげくマスコミで報道され、退学に追い込まれた例もあります。もちろんカンニングはやってはいけない行為ですが、さらにそれを公開の場に書き込むという不注意によって最悪の結果を招いたのです。

　こうした事例が増えてきたことから、トラブルを未然に防ぐため、近ごろは**学生や就活生の書き込みをチェックする大学や企業の人事担当者が増えている**といいます。無用なトラブルや失敗を回避するために、常にそうした他人の目を意識するようにしましょう。

自分の身（情報）は自分で守る

　また最近の傾向として、ユーザ登録の段階でユーザの氏名・性別・生年月日などの情報を断りなく流用することに同意させる SNS が増えています。利用規約などはついつい読み飛ばしてしまいがちですが、それをよいことに個人情報を好き勝手に利用しようとする悪徳企業も存在しています。SNS に限らず、サービス（インターネットだけでなく、ポイントカードのようなものも含む）を利用するために個人情報の登録が必要になる場合には、どのような契約になっているのか、事前にウェブ検索などで調べるようにしましょう。もしかすると、そのサービスについての悪い評判が立っているかもしれません。**一度流出してしまった個人情報は二度と回収することができません**ので、自分の情報は自分で守る心がまえが必要です。

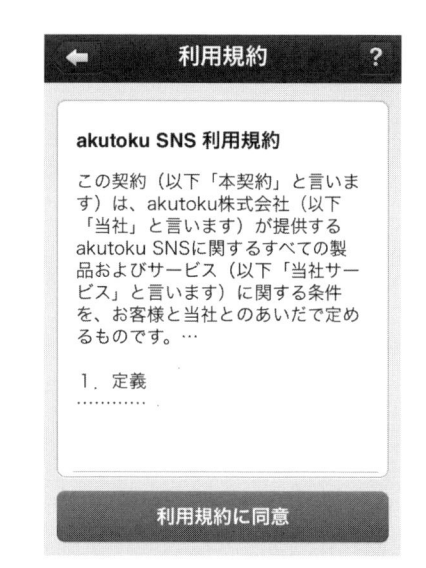

ワーク

① 以下の文に該当する単語を選択肢から選びなさい。

　a. 銀行などのメールを装い、パスワードや暗証番号を盗もうとする詐欺。　（　　　　）

　b. ゴミ箱の捜査や電話での誘導質問など、コンピュータ以外の手段でパスワードなどを盗み出すこと。　（　　　　）

　c. キーボードからの入力を監視して記録するソフト。パスワードやクレジット番号を盗むことができる。　（　　　　）

　d. マルウェアを除去するソフト。　（　　　　）

　　選択肢：㋐キーロガー　　㋑フィッシング詐欺　　㋒アンチウイルス
　　　　　　㋓ソーシャルエンジニアリング

② 以下の行動について、問題があるかどうか、あるとしたらどのような問題なのか考えてみましょう。

　a. 大学の授業で、先生がマンガをコピーして学生に配布した。

　b. レンタル CD 屋で借りてきた CD を携帯音楽プレーヤーに読み込み、友だちにもコピーしてあげた。

　c. 映画について書いたレポートに、映画の 1 シーンを貼りつけた。先生の評価が高かったので、そのレポートをそのままインターネットで公開した。

　d. レポートで必要だったので、図書館で借りた本を全部コピーした。

発展

メールの書き方

◎受け取る相手に対する想像力が大事

　大学生になると、大学の教職員や就職活動における企業の担当者など、友だちや家族以外の人とコミュニケーションをとる機会が増えていきます。そのような人々にメールを送る場合には、友だちに送るときとは違うマナーが求められます。

　たとえば、大学の教員とメールのやりとりをすることを想像してみてください。

宛先：nakama@hogehoge.ac.jp
件名：
先日の授業に欠席したので、 レポート課題を教えてください。

　このようなメールを受け取った教員は、どのように思うでしょうか。教員は普通、複数の授業を担当していますし、そこにはたくさんの学生が履修登録しています。また、いくつかの大学で教えていることも珍しくありません。ですから、このメールだけを読んでどの学生かを特定することはまず不可能でしょう。教員のなかには、一日にたくさんの仕事上のメールをやりとりしている人もいます。そんななかに上のようなメールが届くのは、迷惑以外の何物でもありません（返事を出さない人がいてもおかしくありません）。

　またパソコンでメールを読んでいる場合、件名が空欄のメールは自動で迷惑メール扱いになってしまうことがあります。そうなったら最後、あなたのメールが教員の目に触れることはないでしょう。

　皆さんが友だちと普段やりとりしているメールの書き方が悪いのではありません。ネットの向こう側にいる人があなたの友だちであるとは限らない、ということです。**メールを読む相手がどのような人であるのか想像力を働かせながら、メールを書く必要があります。**

◎メールの文例

　次ページに教員宛のメールの文例を挙げます。就活マニュアル本などにもこのような文例は載っていますが、本ごとに少しずつ違いがあります。業界や、その時々の状況に応じてメールの書き方は変わりますので、次ページの文例も1つのサンプルだと考えてください。

　ちなみに、このような書き方をしなくてはならないのは、親しくない人に初めてメールを出すときだけではありません。よく知っている人（たとえば担当教員など）に2回目以降メー

ルを出すときや、返信するときも、基本的には❶〜❹を書かなければなりません。

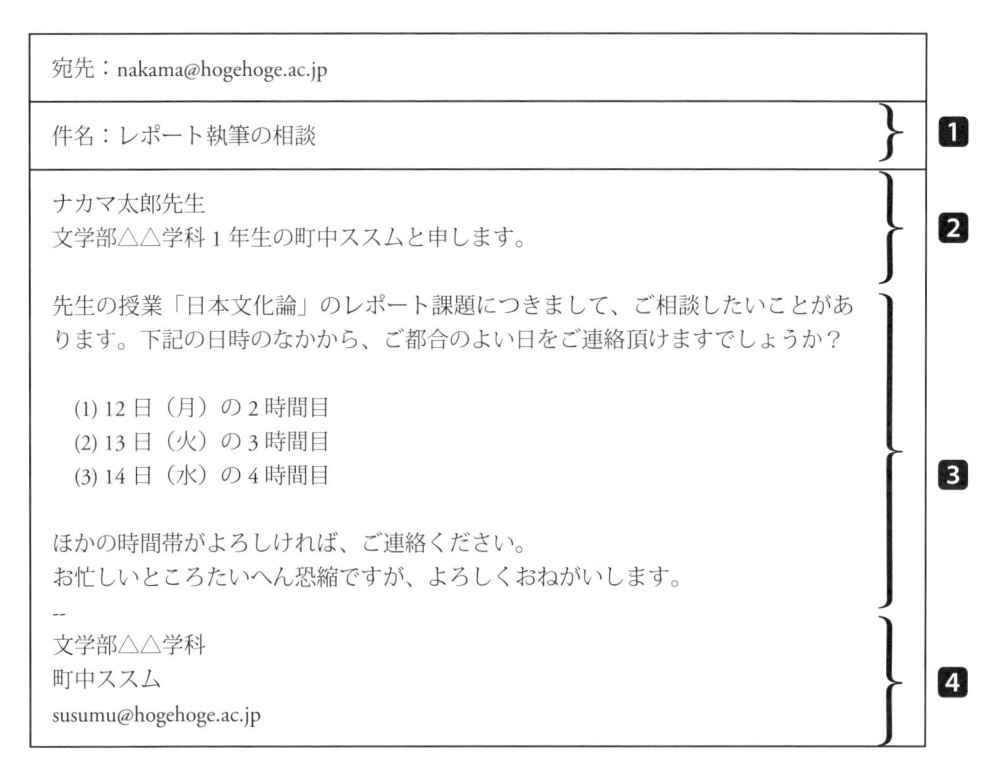

```
宛先：nakama@hogehoge.ac.jp

件名：レポート執筆の相談                                      ❶

ナカマ太郎先生
文学部△△学科1年生の町中ススムと申します。                  ❷

先生の授業「日本文化論」のレポート課題につきまして、ご相談したいことがあ
ります。下記の日時のなかから、ご都合のよい日をご連絡頂けますでしょうか？

  (1) 12日（月）の2時間目
  (2) 13日（火）の3時間目
  (3) 14日（水）の4時間目                                  ❸

ほかの時間帯がよろしければ、ご連絡ください。
お忙しいところたいへん恐縮ですが、よろしくおねがいします。
--
文学部△△学科
町中ススム                                                ❹
susumu@hogehoge.ac.jp
```

❶件名は必ず書くこと（「こんにちは」のような件名ではなく、本文の内容がわかるような件名にする）。

❷相手の名前を書き、自分の名前を名乗ること。

❸本文は簡潔に。上のようにアポイントメントを取る場合には、希望の日時をあらかじめいくつか挙げておくと相手が答えやすい。

❹署名を入れたほうがよい（携帯電話やパソコンで設定すれば自動で入るようになる）。

教員とのコミュニケーション

◎研究室に行こう

　大学の教員は、その大学に所属している専任教員と、外部から授業をするときだけにやってくる非常勤講師とに分けられます。専任教員は原則として研究室を持っており、さまざまな仕事（授業の準備・研究・事務処理・学生との面談など）をそこで行なっています。非常勤講師の場合は講師控室や面談スペースがありますが（これも大学によって異なります）、原則として授業時間以外は大学にいません。

　学習や大学生活に関する相談だけでなく、学生と何気ないおしゃべりをしたいと思っている教員も多くいます。**積極的に研究室に行ってみましょう。**

◉オフィスアワーを活用しよう

　オフィスアワーとは、学生が質問や相談のために訪問しやすくなるように、教員が「この時間帯だったら研究室（オフィス）にいますよ」とあらかじめ設定した時間のことです。もちろんほかの時間帯に訪問してもよいのですが、オフィスアワーは特に学生のために設定されている時間ですので、積極的に活用したいものです。オフィスアワーがいつなのかは、研究室のドアのところに掲示してあったり、右図のような情報が大学のウェブサイトなどに載っていたりすることが多いようです。

如月　一郎
（キサラギ　イチロウ）
文学部○×学科　教授

研究室：1号館・402
E-mail：kisaragi@hogehoge.ac.jp

オフィスアワー：火曜日4時間目

コメント：研究室にはお気軽に。

　オフィスアワー以外の時間帯に研究室を訪れる場合には、できれば面談の約束＝アポイントメント（アポ）をとりましょう。先ほどのメールの文例はアポをとるためのものですので、参考にしてください。授業が終わった後などに教員をつかまえてアポをとってもよいでしょう。

　メールの書き方やアポのとり方などは、むしろ大学を卒業して社会に出てから必要となるスキルです。特にメールの書き方は何度も繰り返し書かなくては身につきませんので、学生のうちに経験を積んでおきましょう。

ワーク

①以下の文を読み、内容が正しいと思うものには○を、誤りだと思うものには×を、（　）内に記入しなさい。

　a. 個人情報が漏れるのが嫌なので、アポをとるときも匿名がよい。　　　　　（　　　）

　b. 来週の授業が休講かどうか聞きそこねたので、教員の研究室に電話をかけて直接聞いた。　　　　　　　　　　　　　　　　　　　　　　　　　　　　　　　　　（　　　）

　c. アポをとるメールを教員に送ったが返事ない。もう一度送るのは失礼なので出さない。　　　　　　　　　　　　　　　　　　　　　　　　　　　　　　　　　　（　　　）

②以下の状況になったと想定してメールの文例を考えてみましょう。

　a. インフルエンザにかかったため借りていた本を期日までに返せなくなった、ということを大学図書館の職員に伝えたい。

　b. 第一志望の企業（○×株式会社 企画開発部）に大学のOB（漢情研太郎さん）がいるので、アポをとって話を聞きたい。

第4課

ノートテイキング

ケーススタディ

　ススムさんは、シラバスに「試験には自筆ノート持ち込み可」と書かれていた「心理学入門」という授業を、「楽勝科目だ」と思い履修することにしました。先輩から「板書を写しただけじゃだめだよ。ポイントは先生の話のなかにあるんだから」というアドバイスをもらったススムさんは、先生の話を全部書き取ろうと意気込み、次のようなノートを書きました。

> 心理学とは：プシュケー（心の）＋ロゴス（学問）。「プシチョロギー」じゃなくて、サイコロジー。ニシノアマネが名づけたらしい。
> 心理学を学ぶと、自分の心と行動を理解することができる。自己トウセイできるようになる。他人の心と行動を理解することができる。人の心や行動の一般的な法則を見つけようとするキソ心理学と実際の問題を解決しようとする応用心理学に分かれる。低次元のことをあつかうチカク心理学と高次元のことを扱うニンチ心理学に分ける立場もある。
> ・・・
> 刺激いきと弁別いき？

　何ページもノートをとって「よく勉強した！」と思っているススムさんですが、先生の話が速すぎてノートが追いつかないこともありました。

　そしてテストの日。「パーソナリティ研究における類型論と特性論それぞれの特徴と限界について具体例を挙げて述べなさい」という問題が出ました。ススムさんは首尾よくノートから「パーソナリティ」という語を見つけ出したのですが、自分で書いたはずのノートなのに何が書いてあるのかよくわからず、うまく答えることができませんでした。

考えてみよう

① 大学で授業を受けていて、違和感を覚えたり、困ったりした経験をグループで話し合い、大学での授業中のふるまい方について考えてみましょう。

② 履修している授業のノートをみんなで持ち寄って、内容・書き方の特徴や、独自の工夫などについて話し合い、良いノートのとり方について考えてみましょう。

この課のねらい

◎ 大学での授業の受け方について理解する。

◎ 授業と自習におけるノートの使い方について理解する。

◎ コンピュータを使ったノートの整理と活用の方法を理解する。

　ススムさんの誤算は、「知識や情報はすべて教員が与えてくれる」「それを全部書き取ることが勉強である」と思い込んでしまったところにあります。この課では大学での授業の受け方について、特にノートのとり方に重点をおいて解説します。

　高校までの授業では板書や先生の言葉をそのままノートに写し取っていたと思いますが、そうしたノートの取り方は大学の授業に通用しません。また、書くことだけに気を取られて、話を聞くことがおろそかになってもいけません。

　誰でもすぐにバランスのとれた「良いノート」を作れるわけではありません。ノートテイキングのスキルを上げるためには、授業中にノートをとるだけでなく、読み返す・書き加える・整理するといった授業後の作業が大事になります。

大学での学びにおけるノートの意味

◎なぜノートをとるのか

　ノートをとる目的は大きく分けて3つあります。

1 授業で示された知識や情報を、忘れないように記録しておく。

2 ノートを読み返したり清書したりして、授業内容を復習する。

3 授業の進め方＝考え方の筋道を知り、自分で問題を見つける訓練をする。

　1や**2**は、新しい知識を身につけるためのノートです。外国語会話や情報処理などのスキルの習得を目的とした授業や、専門科目への橋渡しとなる基礎概念や術語の解説を中心とする授業では、

「覚えなければ始まらない」知識がたくさんあります。

　各回の授業には、それぞれ伝えたい事柄がいくつか含まれており、教員はそれをひとつながりの話のなかで筋道を立てて説明します。ノートはこの「筋道」、つまり授業の「流れ」を思い出せるようにとるのが理想です。初めて聞く固有名詞や専門用語がポイントだと考え、それらを書き留めることに熱中したあげく逆に大事な話を聞きそびれてしまうこともありますが、実はそういう用語の多くは後から調べられるものです。むしろ、**何と何をどう伝えようとしているのかという「流れ」を大づかみにして紙上に表現するのが、ノートテイキングなのです**。

　また、大学での学びで特に大事なのは❸です。第1課で主体的な学びの大切さを学びましたが、❸の考え方でとるノートは主体的な学びを実現するための方法の1つです。

社会でも必要とされるノートテイキング

　相手の話をきちんと把握しノートをとることは、学生だけに求められるものではありません。むしろ、社会人にこそ必要なスキルだといえます。もしもメーカーの営業担当者が注文を会社に伝える連絡係にすぎなければ、わざわざ担当を置く意味がありません。得意先がどのような問題を抱え何を求めているのか、自分や自社は何が提供できるのか、などを自分で考えて適切に提案することが求められます。そのとき役に立つのは、相手からこれまでに聞いた話や過去の提案に対する反応などの記録です。年末になると書店や文具店に大量にならぶビジネスマン向けと銘打った手帳は、ビジネスにおけるノートテイキングのツールなのです。授業でのノートテイキングには、社会人に向けた訓練としても役にたつでしょう。

ノートテイキングの実際

　授業はライブですからすべてを完璧に記録することは不可能です。それでも3つの心がけで記録として有意義なものにすることはできます。

❶**「授業でしか得られない情報」を中心に書く**：正確な年号・専門用語の意味・人名や地名などは後から調べることができますので、こだわりすぎないようにしましょう。

❷**いつも書かなければならないことには「指定席」を用意する**：日付・ページ数や、その回の授業のテーマ・解説の必要な用語などをページのどの位置にどういう形式（文字の大きさや色など）で書くか、あらかじめ決めておくとノートが見やすくなります。

❸**教員のクセを把握する**：「細かい説明からスタートして、重要なことは最後にいう」先生と、「重要なことを最初にいってから、細かい説明をする」先生では、ノートのとり方も変わってくるでしょう。

◎ノートは授業の後で完成させる

　授業中にとったノートは、完成されたものではありません。書きそびれてしまったところだけでなく、教員が自明のこととして説明しなかったことや、書くタイミングを逸した思いつきなどを加筆しなければなりません。冷静に読んでみると、授業中には納得したつもりだったのに実はよくわかっていなかったと気づくこともあるでしょう。**授業が終わってからなるべく早いうちに読み返して加筆・修正し、ノートを完成させましょう。**

◎ノートテイキングの実際

　では、実際にノートをとる方法についてみてみましょう。以下に挙げる方法はあくまで一例ですので、自分でノートの取り方を工夫してもかまいません。

　ノートには A4 サイズのルーズリーフを使うとよいでしょう。市販のノートには B5 サイズのものが多いですが、聞きながらノートをとらなければならない大学の授業の場合は、比較的大きな A4 サイズのほうが使いやすいのです。また、ルーズリーフにしておけば、後から整理したり加筆したりするときに便利です。

1. 授業の最初に、その日のテーマが示されることが多い。テーマだとわかるように目立たせて書く❶。日付・ページ番号・テーマは、ページの上の方に「指定席」を作っておく❷。テーマが明示されない授業では空白にしておき、終わってから全体を見なおしてその日の授業にふさわしいテーマを考える。

2. 後から調べたことを書き加えるので、文字を詰め込みすぎない。各ページの右に 5cm 程度の追加書き込みスペースを設け、補足や用語解説・ポイント・参考文献のページ数などを書き足せるようにする❸。本文と追加書き込みスペースの間には縦線を引いておく❹。

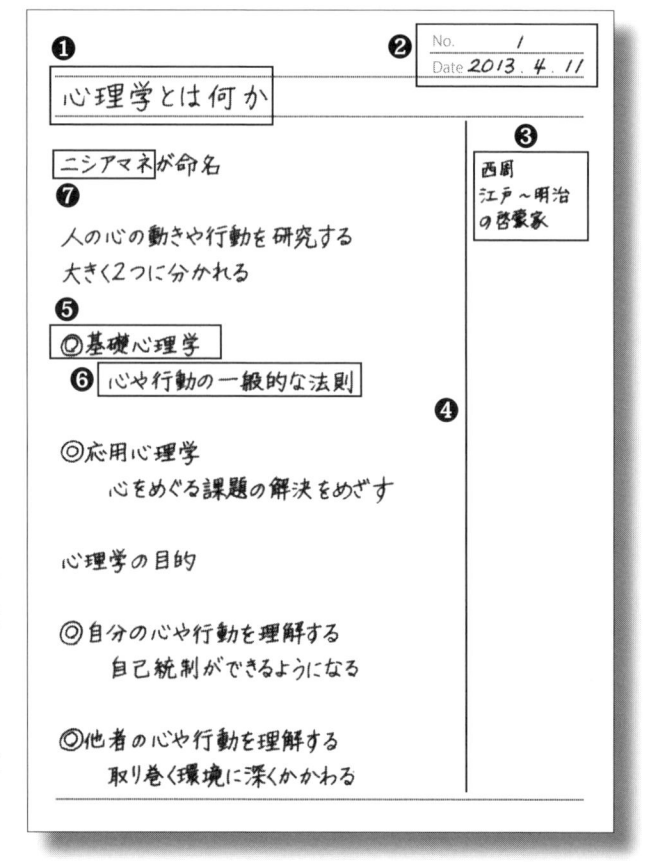

3 先生の話す順番どおりに書くのではなく、重要度にあわせて優先順位をつけて書いていく。「〇〇は3つあります。まず…」「次に…」といったきっかけで、ポイントが示されることが多い。それを「小見出し」とする❺。「小見出し」はページの左端から書き始める。

4 「小見出し」の下に、詳細な内容を書いていくが、そのとき、小見出しの位置よりも少し右にずらして書き始める❻。こうすることで見出しと本文の関係を表すことができる。

5 詳細をその場ですべて書きとめるのは難しいので、必要に応じて記述を省略したり記号を用いたりしてもよいが❼、授業後すみやかに見なおしてわかりにくいところは加筆しておくこと。

6 配付されたプリントは日付と氏名を書いてファイルしておく。ノートの該当箇所に貼りつけてもよい。

コラム

ノートのかわりに写メはダメ？

　カメラのついた携帯電話が普及したことで、授業中に板書やスライドを撮影する人が増えてきました。ノートテイキングとは先生のいうこと・書くことを丸写しすることではなく、人の話の筋道を自分なりにとらえて表現することです。板書などを写してノート代わりにするのは、その貴重なトレーニングの機会を失うことです。それでは授業に出る意味がなくなってしまうでしょう。

ワーク

①以下の文を読み、内容が正しいと思うものには〇を、誤りだと思うものには×を、（　）内に記入しなさい。

　a. ノートをとる目的には、授業で習ったことの記録だけでなく、主体的な問題意識を持つために後で読み返すことも含まれる。　　　　　　　　　　　　　（　　　　）

　b. 詳細なレジュメが配られればノートはとらなくてもよい。　　　　　　（　　　　）

　c. ノートをとるときは、ルーズリーフを使えば後で整理しやすくなる。　（　　　　）

②模擬授業を聞いてノートをとってみましょう（☞巻末ワークシート）。

③模擬授業後、とったノートをグループ内でくらべあって、自分のノートの長所・短所を考えてみましょう。

発展

ノートを整理・活用する

目次や索引を作ろう

　こうして作ったノートは、「授業が終わったらおしまい」の使い捨てではなく、レポートや試験のときに再度読み返すことがあります。大学では、ノートの持ち込みが認められている試験も少なくありません。しかしノートがきちんと整理されていなければ、試験中、どこに何が書いてあるのかを探すのにも苦労してしまうでしょう。また、あるキーワードにいつの授業で触れていたのかがわかると、レポートを書くのも楽になるかもしれません。ノートをとるときから読み返すことを想定した工夫をしておいて、**再利用しやすいノートを作りましょう**。

　各ページには、必ずページ番号を入れましょう。ぱらぱらめくったときに見やすいように、ページの上の「指定席」（☞29ページ）に数字を書きます。またノートの最終ページには、ページ番号とそのページに含まれる見出しを並べて書いた、簡単な目次を作りましょう。それだけでも、ノートから必要な記事を探し出すのがとても簡単になります。

　授業に何度も出てきた専門用語の索引を作るのもよいでしょう。目次と同じ要領で、語とその語の説明が書かれたページ番号を並べて書きます。

本や関連資料を調べる

　授業のなかで教員が本などの参考資料を紹介することがあります。そうした資料は、授業で話している内容をより深く理解するために必要なので学生に読んでもらいたい、と教員が考えているものです。授業が終わった後、図書館や書店で探して次回の授業までに読んでおくように心がけましょう。読まないまでも、最低限、図書館のどこにあるのか、どのような内容の本であるのかは見ておかなくてはなりません。

　本を手にしたら、自分が関心を持っている分野に関連するものであれば研究用の文献調査ノートに、そうでなければ授業のノートに記録しておきます。記録のしかたについては第7課の文献調査ノートの作り方（☞56ページ）を参照してください。

　また、ノートを整理するときには、授業で出てきたキーワードや研究者などについて、インターネットで検索してみるとよいでしょう。インターネット上の情報と比較することで、授業で教員がいいたかったことがより明確になりますし、研究者のホームページやブログなどには研究テーマに関連した情報や議論が掲載されていることもあります。そうした情報も、ノートや文献調査ノートに書き加えておくようにしましょう。

パソコンによるノートの活用

◎パソコンでノートをとる

　パソコンでノートをとれば、ノートの活用の幅がいっそう広がります。後からノートを整理したり書き加えたりすることも簡単にできますし、キーワードで検索したり、ノートをコピー＆ペーストしてレポートを作成したりすることもできます。

　「それならいきなりパソコンでノートをとればいいんじゃない？」と考えるかもしれませんね。パソコンのキーボードは慣れると手書きよりもずっと早く入力できることから、ノートをとるのに向いているといえるでしょう。ただ、板書された図などを描くのが難しい、キーボード入力の音が周囲の迷惑になることがある、といった欠点もあります。パソコンを教室に持ち込むときには、事前に教員に相談するとよいでしょう。

◎Evernote を使う

　Evernote（エバーノート）は、見聞きしたものを書き込んで閲覧・保存・共有することができる、無償の電子ノートソフトです。

- 最低限、ノートのタイトル❶と本文❷は入力する。本文には画像やそのほかのファイルを添付することができる。
- キーワードなどを複数「タグ」として設定することができ❸、さまざまな角度からノートを分類・整理できる。

- ノートの一覧❹は、作成日・更新日・名前などで並べ替えたり、ノートに含まれている語で検索したりして、必要なノートを簡単に探し出せる。
- 複数のノートをまとめたノートブックや、同じタグを持つノートの集まりに、簡単にアクセスできる❺。

　授業のノートをとる場合は、タイトル（例：心理学入門4/17）を入力してから、本文を入力していきます。小見出しは、フォントや文字サイズを変更しておきましょう。ノートには、画像や音声、Word・Excel・PowerPointなどのファイルを貼りつけることもできます。授業の配付資料をスキャンしておけば、ノートと合わせて保存・管理することができます。

　作成したノートは自動的に保存されます。インターネットにつながっていれば、ほかのパソコンやタブレット端末などから閲覧できるように、クラウドサービスに保存することもできます。

◎ウェブクリップやウェブページリストの管理

　Evernoteを使うと、授業後の関連資料の調査や整理も効率化することができます。たとえばEvernoteのウェブクリッピングという機能を使うと、ウェブページなどの内容をノートにとりこむことができます。インターネット上の情報を手書きで管理しようとすると、URLがあまりにも長大で書ききれないことがありますし、後からそれをパソコンに入力して閲覧するのにも手間がかかります。ネット情報はやはりコンピュータで管理するほうが便利です。

　Evernoteの入手方法や詳しい使い方については、巻末のマニュアル（☞133ページ）を参照してください。Evernote以外にも同様なサービスがありますので調べてみてください。

ワーク

①以下の文を読み、内容が正しいと思うものには○を、誤りだと思うものには×を、（　）内に記入しなさい。

　a. ノートは、授業の内容をおぼえてしまったら捨ててもよい。　　　　　　（　　　）

　b. 後からノートを加筆・整理する場合には、辞書や辞典などを使う必要がある。

　　　　　　　　　　　　　　　　　　　　　　　　　　　　　　　　　（　　　）

　c. パソコンでノートをとると後からノートを活用しやすくなるが、パソコンを教室に持ち込めない場合がある。　　　　　　　　　　　　　　　　　　　　（　　　）

②模擬授業でとったノートを加筆・修正してみましょう（☞巻末ワークシート）。難しかったキーワードについても辞典などで調べて追加説明をいれてみましょう。

第Ⅱ部

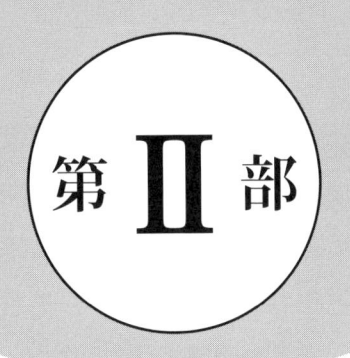

情報収集入門

情報収集入門

　インターネットが発達し、パソコン・スマートフォンが広く普及している今日、情報収集の能力はいっそう重要性を増しています。それは、大学での学びにおいても同じです。ネットで検索を手早くできる人＝情報収集能力の高い人だと思われがちですが、それは誤解です。
　第Ⅱ部ではまず、価値ある情報を収集するための基礎的な知識やスキルについて学びます。

- 情報収集の基礎……………………………………………☞第5課

　大学における知を代表するのは、高校までの図書室や公共図書館にはほとんど置かれていない、専門性の高い研究書や学術雑誌・論文などの資料です。大学図書館のサービスやインターネットを通じた検索によって、それらの資料にアクセスするスキルを身につけることは、大学の学びを実現するうえで、重要な一歩となるでしょう。

- 大学図書館での本の探し方…………………………………☞第6課
- 大学図書館での論文の探し方………………………………☞第7課

第5課

情報収集の基礎

ケーススタディ

キサラギ先生の「日本政治史」の授業で、次のような課題が出ました。

　　女性参政権について調査し、小レポートにまとめてください。提出は2週間後のこの授業中です。

　ススムさんは「女性参政権」というキーワードをインターネットで検索してみました。いくつかわかりやすく書いてあったウェブページを見つけたので、そのなかの2つを選び、コピー＆ペーストして、あっという間にレポートは完成しました。

　ところが提出の際、キサラギ先生はススムさんのレポートをちらっと見て「○○と△△のウェブサイトに書いてあることをコピー＆ペーストしたでしょう。しかも、とんでもない学説のページを選んじゃったね。書きなおしてください」といいました。

　がっかりしているススムさんの耳にミチコさんと先生との会話が聞こえてきました。「ミチコさんはイチカワフサエの伝記をまとめてきたんだね。でも、本だけじゃなくて論文も読んだほうがいいねぇ…」ススムさんは、イチカワフサエという名前を聞いたことがなかったので、二人の会話についていけませんでした。

考えてみよう

① ススムさんのコピー＆ペーストは、なぜキサラギ先生にすぐわかってしまったのでしょうか。考えてみましょう。
② インターネットで調べたことが、「とんでもない学説」かどうかを判断する方法について、考えてみましょう。

この課のねらい

◎ 大学での学びにおける情報収集の意義と方法を理解する。

◎ 現代社会における情報収集能力の重要性について理解する。

◎ さまざまな情報源の特徴について理解する。

◎ インターネットを利用した情報収集の基礎について理解する。

　みずから問題点を発見し解決しようとする際に、その糸口となるのは辞書・事典・インターネットなどの情報源と、その入手先である図書館などです。

　この課では、「主体的な学び」のために情報収集能力が重要であること、そして情報の入手先にはどのようなものがあるのかについて総合的に学びます。なお具体的な情報の入手方法については第6課と第7課で解説します。

情報収集能力の必要性

大学での学びと情報収集能力

　この課で学ぶ情報収集の能力は、第1課で説明した「未解決の問題を発見し、自力で解決する能力」になくてはならないものです。「未解決の問題を発見し、自力で解決する」過程と情報収集との関係を、簡単に整理しておきましょう。

❶ 課題は、レポートなどのように教員から与えられる場合と、卒業論文のようにみずから主体的に見つけ出さなくてはならない場合があります。

❷ 課題が設定されて最初にすべきことは、その課題に関する情報の収集です。これは課題の指す内容を正確に理解することから始まります。たとえば「女性参政権について調べよ」という課題が出たとしましょう。この場合、「女性参政権」について調べるのはもちろん、女性参政権に関連する人物名（市川房枝など）や「女性の政治参加」などといった**周辺情報も含めて、インターネットや辞書・事典などからできるだけ多くの**

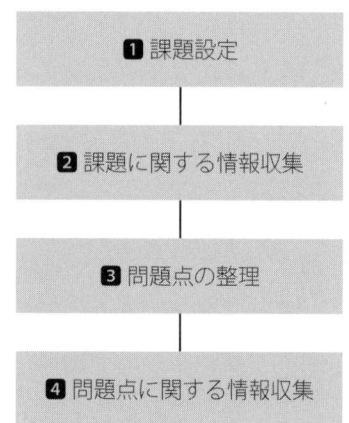

❶ 課題設定

❷ 課題に関する情報収集

❸ 問題点の整理

❹ 問題点に関する情報収集

情報を集めます。
3 次に収集した情報を整理します。情報の重要度や真偽・効率を勘案しながら適宜情報を取捨選択して現状を把握します。これによって解決済みの問題と未解決の問題点を整理します。
4 こうして明らかになった問題点について、さらに深く参考書や研究論文を読み込んで情報を収集し自分の考えを裏づける証拠を探していきます。

このうち3と4は、第8課のリーディングや第9課の問題発見に関わってきます。また、1～4の過程を経てプレゼンテーションやレポートなどにまとめ上げる実際は、第10～14課で解説します。この課では、その過程で常に 情報収集 ⇒ まとめ ⇒ 問題点の整理 ⇒ 情報収集 ⇒ まとめ … という作業が繰り返されていることを理解してください。

◎実社会に出るための訓練として

　実社会に出たら、新商品・サービスの開発や顧客への売り込み、職場の改善など、常に新しい提案を求められます。そうしたとき、より説得力のあるアイデアやプレゼンテーションをまとめるために情報収集が欠かせません。大学で学ぶ内容が直接仕事と結びつくわけではありませんが、考え方や手順は同じです。つまり**大学で「情報収集」を学ぶことは、実社会に出るための実践的な訓練の1つだといえるのです**。

情報収集の基礎

◎インターネットだけではダメ

　皆さんが最初に情報源として思い浮かべるのはインターネット（ウェブ検索）ではないでしょうか。情報社会の今日、インターネットを使いこなす能力は学生にとっても社会人にとっても重要です（☞発展「インターネットでの情報収集」）。しかし、残念ながらインターネットだけであらゆる情報を収集することはできません。

　そもそも、**すべての情報がデジタル化されインターネットで検索できるようになっているわけではありません**。近年、多くの情報がインターネットを通じて入手することができるようになりました。しかし、分野にもよりますが、大学での学びに必要な学術的な情報のなかには、まだインターネットでは入手できないものも多くあります。また、**ウェブ検索で簡単に見つかるような情報には情報としての価値がほとんどない**、ということは容易に想像できると思います。ススムさんのケースのように「あっという間に」完成してしまうような課題は、大学ではまず出ないといってよいでしょう。

情報源の種類

では、インターネット以外の情報源にはどのようなものがあるでしょうか。皆さんの多くは「図書館で本を調べる」と思うのではないでしょうか。それはまちがっていませんが、本だけでも情報収集は不十分です。

大学などで行われている研究の成果は、一般の書店で売っている本や雑誌にはほとんど載りません。**最先端の研究は学術雑誌や大学などの紀要に「論文」という形で掲載される**のが一般的です。コンビニや駅の売店に並ぶ週刊誌や月刊誌といった大衆雑誌・通俗雑誌に対して、研究論文を中心に掲載する雑誌のことを**学術雑誌**といいます。大学図書館で雑誌といえば学術雑誌のことを指すと考えてください。最近になってインターネットで読める論文も増えてきましたが（☞58ページ）、その多くは大学図書館に所蔵されています。

論文が集められて**研究書**としてまとめられることもあります。また、一般読者にも売れると出版社が判断した研究については、論文や研究書がわかりやすく書き換えられて一般雑誌や一般書として出版されたり、さらにはそれらをもとに新聞の記事やテレビの番組になったりします。しかしそうなるのは、論文が出てからだいぶ時間がたってからのことです。ミチコさんが「本だけじゃなくて論文も読んだほうがいいねぇ…」といわれたのは、このような理由だったのです。

これらさまざまな情報源は、以下の表のようにそれぞれ速報性・信頼性・アクセスしやすさなどに違いがあります。情報源の性質の違いに気をつけながら、情報を収集しましょう。

	速報性	信頼性	アクセスしやすさ
インターネット	◎	△	◎
一般書籍	△	○	○
研究書	△	◎	×
一般雑誌	○	○	○
学術雑誌・紀要	○	◎	×

入口となる資料

調べものをする際に、その手引きとなるような本のことを**参考図書**といいます。具体的には語学辞書・百科事典・論文索引・図書目録・地図などが該当します。各図書館には必ず参考図書室（コーナー）が設置されていますから、どのような本が配架されているか、一度確認してみてください。

参考図書に類するものとして、**入門書**や**講座モノ**と呼ばれる本があります。入門書とは『○○研究入門』といった類の本で、特定の学術分野について研究動向をまとめ、研究方法

や基本文献を紹介するガイドブックです。講座モノとは、特定主題に基づいてシリーズ化されたもので、出版時点における最新の研究成果と研究動向がまとめられています。たとえば岩波書店の岩波講座などが知られています。**予備知識がまったくないままインターネットで検索するよりも入門書を一冊読んでから検索したほうが、短い時間で情報収集できるもの**です。

学術雑誌には研究動向の論評（レビュー）が載っていることがあります。また最新の文献目録を附録として掲載するものもあります。そこには、参考図書や入門書よりも新しい研究動向が紹介されています。

ワーク

① 以下の図書の種類を、下の選択肢から選びなさい。

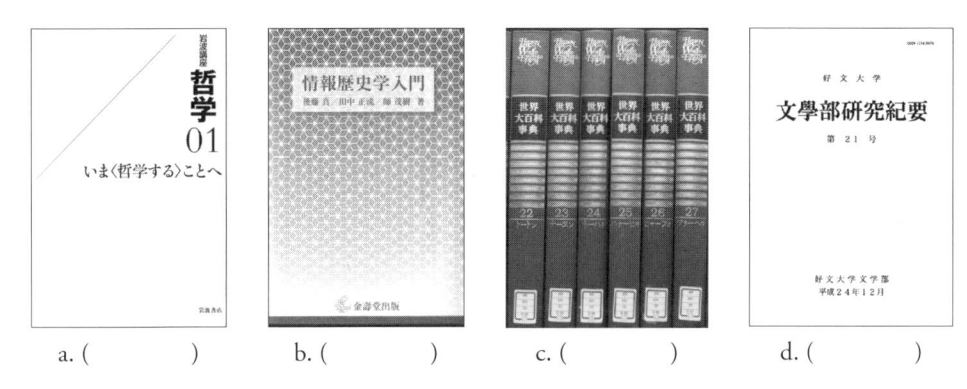

a. (　　　)　b. (　　　)　c. (　　　)　d. (　　　)

選択肢：ア 講座モノ　イ 紀要　ウ 百科事典　エ 入門書

② 前ページの表にならって、以下の表の空欄に「◎」「○」「△」「×」を埋めましょう。

	速報性	信頼性	アクセスしやすさ
AV資料（DVDなど）			
テレビ			
新聞			

③ 宿題 あなたの大学の図書館の参考図書コーナーがどこにあるか確認しましょう。

発展

情報が入手できる場所

◎大学図書館

　図書館というと、小学校から高等学校までの図書室や、皆さんの町に設置されている公共図書館をイメージするかもしれません。しかし、大学などの高等教育機関や研究機関の図書館は、そうした図書館のイメージとはかなりかけ離れていることでしょう。文学研究の素材としての小説はあっても、公共図書館のように最新の流行小説や推理小説が何冊も置かれているということはありません。文庫本や新書本ですら所蔵のないこともあります。また雑誌や新聞のコーナーに行ってもファッション雑誌やスポーツ新聞の類はまずないでしょう。

　大学図書館は大学での学びにおいて必要な情報を入手したり、アドバイスを受けたり、さらには学習・研究の場を提供してくれる施設なのです。図書館の具体的な利用法については第6課で学びますので、ここでは大学図書館が皆さんの学びにおいて必要不可欠な施設であるということを理解しておきましょう。

◎国立国会図書館・公共図書館

　国立国会図書館は、日本の出版物をすべて収集し国民のために情報を提供する機能を持っています。また都道府県や市町村といった地方自治体が地域住民のために運営する図書館を公共図書館といいます。さきほど触れたように、大学図書館とはサービス対象も蔵書構成も異なっているので、逆に大学図書館にない資料が見つかることもあります。

◎社会教育施設

　社会教育施設の種類はさまざまですが、皆さんが情報の入手に利用しやすい機関に博物館（美術館・資料館・郷土館・科学館・文学館・歴史館・動植物園・水族館なども含む）と公文書館があります。博物館はさまざまな資料を展示によって公衆に提供する施設で、専門の学芸員を配置しており、研究活動も行っています。また公文書館は政府機関や地方公共団体・独立行政法人の記録（公文書や法人文書）を保存・公開する施設です。

インターネットでの情報収集

◎さまざまな検索のコツ

　GoogleやYahoo Japan・Bingなど、キーワードを入力すると関連するウェブページなどを検索してくれるサイトのことを検索エンジンとよびます。検索エンジンにはさまざまな種類

がありますが、ここではGoogleを例に情報検索のコツを学びましょう。

　Googleは、たとえば「女性」という単語で検索すると、「女性」という言葉を含むページだけでなく、「彼女の性格」のような「女」と「性」が別々に出てくるページも検索されます。また同義語や語順の入れ替わった語での検索結果も表示されます。このため単語を入力して検索しただけでは、必要な情報と無関係のページが上位に表示されることが多く、効率があまりよくありません。そこで、検索結果に満足できないときには、単語を含むフレーズ全体で検索したり、ほかの単語と組み合わせて検索したりするなどの工夫が必要です。

　具体的には以下のような検索を実行して検索の精度を高めましょう。

検索名称	検索方法	用例	検索内容
完全一致検索	フレーズを引用符 " " で括る	" 女性参政権 "	引用符のフレーズ全体を含むページ
AND 検索	複数のキーワードをスペースで区切る	女性_参画	「女性」と「参画」の両方を含むページ
OR 検索	複数のキーワードを or で区切る	女性 or 参画	「女性」と「参画」のいずれかを含むページ
マイナス検索	キーワード間にスペース - (マイナス) を入力	女性_- 参画	「女性」を含み「参画」を含まないページ

　また言葉や単語の意味を調べたい場合は、キーワードの後ろに「とは」とつけて検索するか（例：電脳とは）、キーワードと「意味」もしくはキーワードと「定義」のAND検索（例：電脳_意味、電脳_定義）を実行してみましょう。そうすることで、検索結果の上位に意味や定義を解説したページが並びやすくなります。

情報を疑うことの大切さ

　収集した情報は、利用前に必ずその内容を吟味しなければなりません。一般的に、大学の先生が書いたものや、辞書や事典などに書いてあることは正しいというイメージがあるかもしれません。しかし辞書・事典といっても人間が作ったものですから、誤りや偏りがまったくないとは言い切れません。また、研究の進展によって辞書や事典の内容が古くなったり、間違いが見つかったりする場合もあります。

　情報を吟味する場合には、その情報が**一次情報**なのか**二次情報**なのかを判別することが大切です。たとえば政治家の発言を取材して新聞記事が書かれた場合、政治家の発言が一次情報、それを加工した新聞記事が二次情報になります（ただし、何を一次とし何を二次とするかは分野によって異なります）。

二次情報のなかには、どんな一次情報に基づいたのか明示していないものがありますが、その場合は情報の信頼性を注意深く確認しなければなりません。一方、一次情報が明示されていても、その解釈が二次情報によって異なる（場合によっては誤っている）こともよくあります。したがって、**二次情報だけでなく、その根拠となった一次情報にできる限り遡って確認する姿勢が大切です**。よく、インターネットの情報は不確かなことが多いので鵜呑みにするなといわれますが、本や雑誌であっても100パーセント信頼できるわけではありません。

　知り得た情報の裏を取るのは実社会においても重要なことです。収集した情報を良い意味で疑ってみる習慣をつけておくべきです。逆に人の質問に答えるときや、情報を発信するときには、できる限り根拠を示すように心掛けましょう。皆さんの流した情報が根拠のないまま一人歩きすると、ひどいときにはデマのように拡散して社会全体に甚大な被害を与えることすらあるのです。一時情報に注意を払うことは、結果的に自分自身を守ることにつながり、自分のためのリスク管理にもなるのです。

ワーク

① Googleで以下のように検索するときに、どのように記述すればよいか、43ページの表を参考に書いてみましょう。

　a.「女性参政権」と「市川房枝」の両方を含むページ
　　　　　　　　　　　（　　　　　　　　　　　　　　　　　　　　　　）

　b.「女性参政権」については書かれているが、「市川房枝」については書かれていないページ　　　　　（　　　　　　　　　　　　　　　　　　　　　　）

② 右の表に対してa〜cの検索式で検索をかけたとき、どのような結果になるか、㋐〜㋓のなかから選びなさい。

キサラギ一郎
ナカマ太郎
鳩山一郎
鳩山邦夫
麻生太郎
田中角栄

　a.「一郎」　　　　　　　　（　　　　）
　b.「一郎␣-鳩山」　　　　　（　　　　）
　c.「一郎␣OR␣太郎」　　　（　　　　）

㋐
キサラギ一郎
鳩山一郎

㋑
キサラギ一郎
ナカマ太郎
鳩山一郎
麻生太郎

㋒
| キサラギ一郎 |

㋓
ナカマ太郎
麻生太郎

第6課

本を探す

ケーススタディ

キサラギ先生の「日本政治史」の授業で、

　　市川房枝に関する本を調べ、参考文献リストを作りなさい。

という課題が出されました。

　ススムさんの大学は、パソコンを使って学内のどこからでも蔵書検索ができるようになっています。ススムさんは図書館に足を運ぶのがめんどうだったので、近くのパソコン実習室にあったパソコンを使って、蔵書検索（OPAC）にアクセスし、「市川房枝」で検索しました。すると10冊の本が見つかったので、それをもとに参考文献リストを作成しました。

　翌週の授業で課題を提出することになりましたが、同じクラスのミチコさんが提出したものを見せてもらったところ、同じ図書館で調べたはずなのに20冊以上の本が挙げられていました。そしてそのなかには、「市川房枝」という名前が書名のどこにも書かれていない本も含まれていました。

考えてみよう

①ススムさんとミチコさんの差はどうして生じたのでしょうか。考えてみましょう。

この課のねらい
◎ 大学図書館の利用方法やしくみを理解する。 ◎ 図書館で受けられるサービスの種類と内容を理解する。 ◎ OPACによる本・雑誌の検索方法を理解する。 ◎ オンライン上のさまざまな図書館サービスについて理解する。

　第5課では、インターネットだけでなく参考図書や学術雑誌などから情報収集しなければならない、ということを学びました。この課では、実際の情報収集手段の1つとして、皆さんにとって最も身近な大学図書館で本を探す方法について学びます。大学図書館を活用できるようになることが、大学での充実した学びには不可欠です。次の課で学ぶ論文の探し方にも関係してきますので、しっかりと身につけておきましょう。

大学図書館入門

大学図書館とは

　大学図書館とは、大学・短期大学・高等専門学校・大学院に設置されている図書館の総称です。大学図書館のサービス対象は、所属の学生と教職員が中心となります。そのため学外者が受けられるサービスは限定されていますので、他大学の図書館を利用する場合や、卒業や修了で学籍がなくなった場合などでは注意が必要です。

　大学図書館には、学習図書館・研究図書館・保存図書館という3つの側面があります。学生の主体的な学習をサポートし、教員や大学院生の研究を支援するとともに、貴重な学術資料（情報）を後世まで保存するのが大学図書館の役割なのです。学内に複数の図書館がある場合は、これらの役割を分担していることもありますので、まずは学習サポートを受けられる図書館がどこになるのかを調べた上で、利

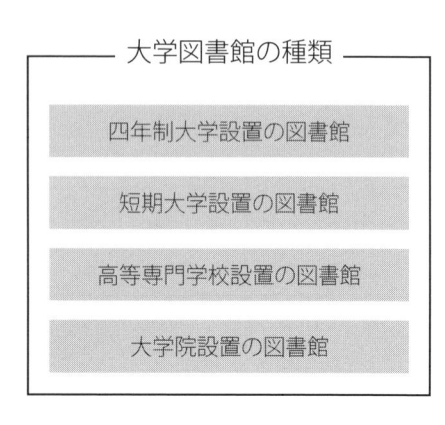

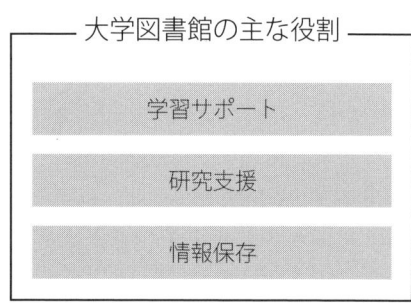

―― 大学図書館の種類 ――
- 四年制大学設置の図書館
- 短期大学設置の図書館
- 高等専門学校設置の図書館
- 大学院設置の図書館

―― 大学図書館の主な役割 ――
- 学習サポート
- 研究支援
- 情報保存

用するようにしましょう。一般には、キャンパスの中央図書館に相当するところがこれにあたります。どうか**皆さんも学生のうちに大学図書館を十二分に活用してください**。

所蔵資料の種類

大学図書館にはどのような資料が所蔵されているのでしょうか。公共図書館とは異なり、**大学図書館が所蔵する本は調査・研究・学習用の本、雑誌は学術雑誌が主体となっています**。記録しているもの（媒体）や記録方法からこれらを分類すると、下図のようになります。紙資料は本や雑誌、フィルム資料はマイクロフィルムや写真フィルム、録音資料はレコードや音声テープ、影像資料は映画やビデオ、電子資料は光ディスク（CDやDVD）やオンライン資料などが該当します。このように図書館は、本や雑誌以外にも学習や研究に必要なさまざまな資料を提供しています。

なかでも近年は、デジタル的方法で記録された電子資料の重要性が増してきています。大学図書館ではデータベースや電子ジャーナル（☞58ページ）などの有償の電子資料を数多く契約しています。専門的な電子資料を自由に利用できるのも大学図書館の醍醐味といえるでしょう。

アナログ	デジタル
・紙資料 ・フィルム資料 ・録音資料 ・影像資料	・電子資料
	そのほかの資料

OPACを使いこなす

本や雑誌を探すには、各大学図書館の**OPAC**（オーパック）を利用します。OPAC（Online Public Access Catalog）とは、ネットワークを通じて提供される検索機能を備えた図書館蔵書目録のことです。

OPACの検索のコツは、❶の入力例のように検索キーワードを単語ごとにスペースで区切ることです。著者名検索の場合は、❷の入力例のように姓と名をスペースで区切るか、区切らずに入力して末尾にアスタリスク(*)を付けて検索します。

このアスタリスクは「何かの文字列」を意味します。たとえば「日本*」とすると、「日本国」「日本

OPACの例（東京大学OPAC）

❶書名キーワード入力例
・電脳␣中国学␣入門
・でんのう␣ちゅうごくがく␣にゅうもん

❷著者名キーワード入力例
・市川␣房江
・いちかわ␣ふさえ
・市川房枝*

人」「日本代表」など、「日本」という語句から始まる情報を検索してくれます（前方一致検索）。著者名の場合は人名の後に「著」や「編」といった役割を表す語が来るので、「*」を付けることでどのような役割表示があっても検索できるようになるのです。

本を手にとってみよう

　図書館では本が整然と書棚に並び、背表紙の下の方には数字やアルファベットの記号（**請求記号**）が書かれた小さなシール（**請求ラベル**）が貼ってあります。図書館では請求記号の順番に本を棚に並べており、請求記号は本の住所・番地の役割を果たしています。ですからOPACで検索した際には、書名や著者名とともにこの請求記号をメモしておかないと、目的の本にたどり着けません。

　では請求記号の数字やアルファベットは何を意味しているのでしょうか。請求記号は内容やテーマ（主題）に基づいて本を分類したものが基本となっており、我が国では「日本十進分類法」（NDC）という分類規則に基づいています。

　NDCは大分類から小分類へとむかって順次10ずつの項目に分割（展開）していきます。これが本の背に貼ってある請求記号ラベルの1段目になります。各図書館ではラベルの2段目・3段目の使い方を決めて、本が順序よく書架に並ぶよう工夫しています。たとえば2段目は著者の頭文字＋受入順、3段目は本や雑誌の巻号などとします。下の例では、関東地方の歴史を主題とする、著者名の頭文字が「ka」となる図書で1番目に受け入れられたものの、1巻目という意味になります。

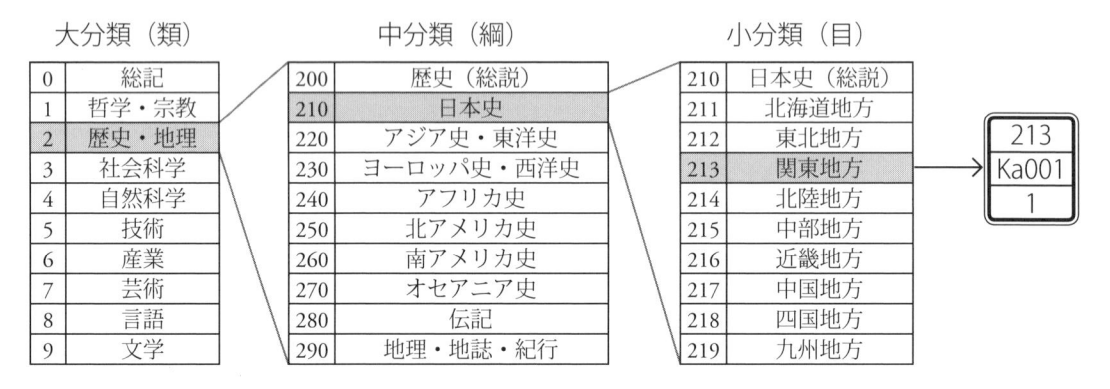

大分類（類）		中分類（綱）		小分類（目）	
0	総記	200	歴史（総説）	210	日本史（総説）
1	哲学・宗教	210	日本史	211	北海道地方
2	歴史・地理	220	アジア史・東洋史	212	東北地方
3	社会科学	230	ヨーロッパ史・西洋史	213	関東地方
4	自然科学	240	アフリカ史	214	北陸地方
5	技術	250	北アメリカ史	215	中部地方
6	産業	260	南アメリカ史	216	近畿地方
7	芸術	270	オセアニア史	217	中国地方
8	言語	280	伝記	218	四国地方
9	文学	290	地理・地誌・紀行	219	九州地方

```
213
Ka001
1
```

　このように図書館では、同一主題の本がまとめて配架（排架とも書きます）されているので、**目当ての本を見つけたら、その周囲にも目を配りましょう**。市川房枝について書かれている本であっても、書名に「市川房枝」が含まれているとは限りませんので、OPACの検索では見つからない可能性もあります。しかし、書架に並んでいる本をパラパラめくるだけで、思わぬ発見があるかもしれません。ケーススタディでススムさんとミチコさんの検索結果に違いが生じた理由の1つは、ミチコさんがOPACだけに頼らず、実際に図書館に足を運んで

本を探したからだと思われます。

　なお、思ったように本が見つからない場合は遠慮なく図書館のスタッフに聞いてみましょう。すべてが皆さんの目に見える場所にある本（**開架図書**）とは限らず、書庫と呼ばれる保存倉庫のなかにあり、カウンターで図書館員に請求し出納してもらう必要のある本（**閉架図書**）や、研究室に一時的に置かれている本（**研究室配架図書**）もあり、さらにはほかの利用者に貸出中の場合もあります。こういったものは書棚をいくら見渡しても見つかりません。

　図書館には**参考調査（レファレンス）**カウンターがあり、図書館の使い方から、本・雑誌の探し方、具体的な調査の方法まで、利用者のさまざまな質問に答えてくれます。自分で調べてもわからない場合は、迷わずレファレンスサービスを利用しましょう。こういった利用者からの質問や本・雑誌の調べ方をデータベース化したものに、レファレンス協同データベース（http://crd.ndl.go.jp/jp/public/）がありますので、困ったときに検索してみてください。

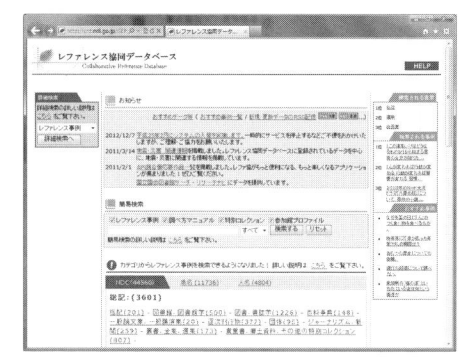

ワーク

①以下の説明文の（　　）に、適切な語を記入しなさい。

　a. 大学図書館には、（　　　　）図書館・（　　　　）図書館・（　　　　）図書館という3つの側面がある。

　b. ネットワークを通じて検索することができる図書館蔵書目録のことを（　　　　）と呼ぶ。

　c. 大学図書館が収蔵する図書は、（　　　　）・（　　　　）・（　　　　）用の本や（　　　　）が主体となっている。

②左右の語句が正しい組合せになるよう線で結びなさい。

　a. 閉架図書　　　　　　　　　⑦本の置かれている書棚内の位置を知りたい。

　b. レファレンス　　　　　　　④図書館司書に取り出しを依頼する必要がある。

　c. 請求記号　　　　　　　　　⑤必要なテーマの本が見つからない。

③ 宿題 大学で図書館ツアーやガイダンスなどが行われているか、調べましょう。行われている場合にはそれに参加して、参考図書コーナーなどの場所・利用時間・休館日・学生向けのサービスなどについてまとめてみましょう。行われていない場合は、図書館のリーフレット・ウェブサイトなどを見て、まとめてみましょう。

発展

大学図書館の各種サービス

　大学図書館の基本サービスとしては、本や雑誌の閲覧・貸出・複写などがありますが、ここではそれ以外の大学図書館ならではのサービスをいくつか見てみましょう。

◎グループ学習とラーニングコモンズ

　多くの大学図書館にはグループ学習用のスペースが設置してあります。最近はラーニングコモンズ (Learning Commons) といって、オープンスペースにテーブル・椅子・参考図書・ネットワーク環境などを完備し、学生が自由に活用できるようにしたものが主流となっています。共同学習からプレゼンテーション・ちょっとした講演会まで自在に利用でき、ノートパソコンや携帯情報端末の貸出し、学習支援相談員の常駐などのサービスが提供されていることもあります。このように**大学図書館では、学生の主体的な学びをうながし支援するサービスも提供されていますので、積極的に活用しましょう。**

◎ほかの図書館を利用する

　自分の大学の図書館だけですべての情報収集が終わると思うのはまちがいです。どんなに大きな大学図書館でも、日本中のすべての本や雑誌を所蔵しているわけではありませんから、情報収集を進めていくと、所属する大学図書館に所蔵されていない本や雑誌が必要になるケースが出てきます。その場合には、ILL（Inter Library Loan）のサービスを利用したり、自分の大学以外の図書館を利用したりしなくてはなりません。

　ILL とは「図書館間貸出」のことで、ほかの図書館から複写や原物を取り寄せるサービスです（複写費用や送料は実費負担）。ILL では国立国会図書館や公共図書館、海外の図書館に対応できる場合もありますから、各図書館の相互利用担当に相談してください。

　ただし、ILL は 1 週間程度の時間が必要ですし、対応を謝絶されることもあります。時間のないときや謝絶された場合は、ほかの図書館に直接足を運ぶ必要があります。**多くの大学図書館は、一定の手続きをすることによって他大学の学生でも利用できるようになっています**ので、自分の大学の図書館のカウンターで相談してみましょう。複数の大学間で学生・教員が自由に利用できるように協定を結んでいる場合もあります。

　他大学の蔵書を調べるには、国内大学図書館の蔵書がまとめて検索できる CiNii Books（サイニィ）の利用が便利です。CiNii Books の詳細な使い方は、巻末のマニュアル（☞ 137 ページ）を参考にしてください。

国立国会図書館サーチと NDL-OPAC を使う

　国立国会図書館（NDL）は利用者登録すると、複写物の自宅取り寄せ（有料）もできるようになります。NDL の蔵書検索には国立国会図書館サーチ（http://iss.ndl.go.jp）もしくは NDL-OPAC（http://ndlopac.ndl.go.jp）を利用します。

1	国立国会図書館サーチ 利用者登録済ならばログオンする❶。［本］をクリック❷、キーワードを入力し❸、［検索］をクリック❹。検索結果一覧が表示されるので、調べたい図書を選ぶ。
2	詳細表示画面右上の［見る・借りる］のなかから［国立国会図書館蔵書（NDL-OPAC）］をクリックすると❺、NDL-OPAC の書誌情報画面（☞手順4）にジャンプする。
3	NDL-OPAC 利用者登録済ならば ID・パスワードを入力してログイン、それ以外はゲストログインすると右の検索ページとなる。キーワードを入力し❻、［検索］をクリック❼。検索結果一覧が表示されるので、調べたい図書を選ぶ。
4	［全ての資料を表示する］をクリックして、所蔵詳細情報の表示や複写依頼を行う❽。ただしゲストログインでは所蔵詳細情報の表示のみで複写依頼はできない。

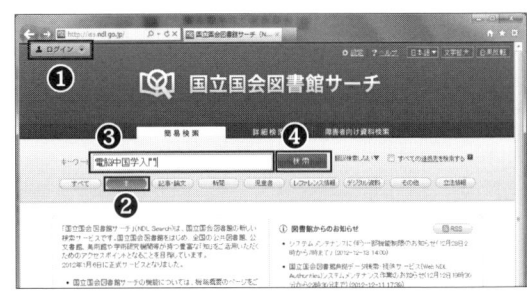

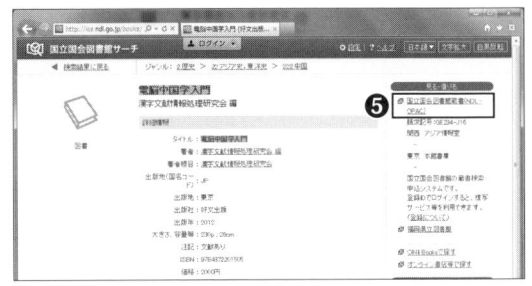

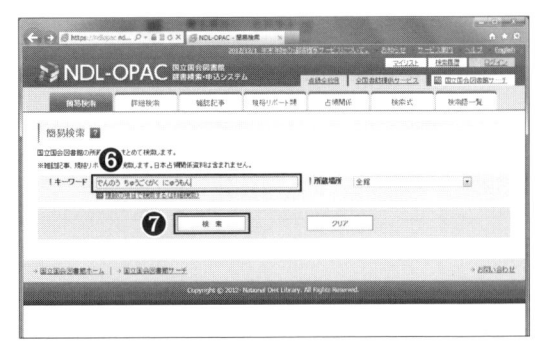

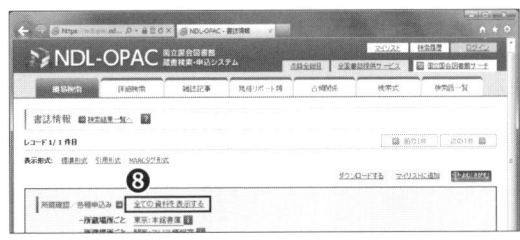

　以上のように、詳細な所蔵情報の閲覧や複写申込みなどは、必ず NDL-OPAC を経由しなくてはならないので、検索対象が絞り込まれているのなら、初めから NDL-OPAC を使ったほうがよいでしょう。ただし国立国会図書館サーチも 82 種類のデータベースを統合検索し

てくれるので、デジタル化された資料や全国の公共図書館の所蔵などがわかり、便利です。

---コラム---

近代デジタルライブラリーと Google books

NDL による近代デジタルライブラリー（http://kindai.ndl.go.jp/）は、明治から昭和前期を中心とした著作権切れの本をデジタル公開しています。また Google books（http://books.google.co.jp/）は Google による本の検索・閲覧サービスで、各国の図書館・出版社の一部が参加しています。著作権の切れた本の PDF の閲覧や販売図書の試し読みができます。このように、近年では公私の機関が競って電子図書館を公開しており、これらを利用すると必要な図書を電子データですぐに入手できることもあります。

書店・古書店を利用する

目当ての本が図書館にあっても、さまざまな理由で借りられないことがあります。また、大学図書館の本は教員・学生の共有財産ですから、線を引いたり書き込んだりすることもできません。このような場合には、本を購入するというのも 1 つの手です。

いうまでもなく、本は書店や古書店で購入します。最近は Amazon のようなオンライン書店も増えてきましたが、手にとってページをめくることができる普通の大型書店・古書店は、図書館と同じように使うことができます。**研究書は新刊書を扱う書店よりも古書店で売っていることが多い**、というのも覚えておいたほうがよいでしょう。

大型書店には OPAC のような検索システムを設置しているところもありますが、古書店にはありません。「日本の古本屋」（http://www.kosho.or.jp）や「スーパー源氏」（http://sgenji.jp）などの検索サービスを使って、古書店を活用しましょう。

ワーク

① 左右の語句が正しい組み合わせになるように線で結びなさい。

　　a. ラーニングコモンズ　　　㋐古書を販売している。研究書の入手先としても重要。
　　b. ILL　　　　　　　　　　㋑ほかの図書館の本を借りることができる。
　　c. 国立国会図書館　　　　　㋒学生がグループ学習などをするスペース。
　　d. 古書店　　　　　　　　　㋓日本国内のすべての出版物を収集・保存している。

② [宿題] 自分が関心を持っているテーマの本について、OPAC で調べてみましょう。

③ [宿題] 金田一京助『言語学』という研究書について、図書館・書店・古書店でそれぞれ入手できるか、書店・古書店ではいくらで販売されているか、調べてみましょう。

第7課

論文を探す

ケーススタディ

　キサラギ先生の日本史概論の授業で、日本史の時代区分についてのレポート課題が出ました。先生からは「本だけでなく学術雑誌の論文もいくつか読んでおくように」との指示がありました。

　ミチコさんは、大学図書館のOPACで「時代区分」などを検索してみました。本は何冊か見つかりましたが論文は検索できませんでした。日本史の書架に行っても、概説書や研究書はたくさんありますが雑誌は置かれていないようです。

　もう一度OPACで検索してみると、『日本史研究』や『○×大学史学』など、関係のありそうな雑誌が見つかりました。OPACの詳細情報を見ると、本とは別の場所に置かれていることがわかりました。どうやら図書館では本と雑誌は別の場所に置かれているようです。

　こうしてミチコさんは雑誌書架までたどり着くことができました。しかし、『日本史研究』だけでも創刊号から600号以上あります。ミチコさんは膨大な雑誌を前にして、どこから手を付けたものか途方に暮れてしまいました。

考えてみよう

①キサラギ先生はなぜ「論文も参考文献として挙げるように」といったのか、これまでの学習をふりかえって考えてみましょう。

②なぜ図書館では本と雑誌が別の資料として扱われているのか、考えてみましょう。

> ## この課のねらい
>
> ◎ 学術論文のいろいろな探し方を理解する。
>
> ◎ 論文の入手方法について理解する。
>
> ◎ 文献調査ノートの作り方を学ぶ。
>
> ◎ 電子ジャーナルの利用方法について理解する。

　第5課で学んだように、専門的な情報を得るためには学術雑誌に掲載された学術論文にも目を通さなければなりません。学術雑誌を探すことは大学の学びになって初めて必要になりますので、ミチコさんと同じく経験したことがない人が大半ではないかと思います。この課では、雑誌に掲載された学術論文の探し方、入手のしかたを学ぶとともに、電子ジャーナルなどの利用方法についても学びます。

論文の探し方

◎CiNii Articles を使う

　ミチコさんが困ってしまったように、OPACでは図書館がどのような雑誌を所蔵しているのかを検索することはできますが、個々の雑誌の各号にどのような論文が掲載されているのかまではわかりません。このため雑誌に掲載された論文の情報を得るには、OPACとは別のツールを利用しなければなりません。

　日本の学術雑誌に掲載された論文を調べるときには、**CiNii Articles**（サイニィ アーティクルズ）（http://ci.nii.ac.jp）が便利です。これまでに学んだ検索エンジンやOPACとほぼ同じ使い方で、雑誌掲載論文を検索できるほか、論文によってはそのまま本文を読むこともできます（☞発展「電子ジャーナルを利用しよう」）。CiNii Articles の使い方は巻末のマニュアルを参照してください（☞138ページ）。

◎参考図書・入門書・講座モノなどを使う

　第5課では情報収集の入口となる資料として、参考図書・入門書・講座モノ（以下、参考文献類と略）などがあることを学びました。これらには先行研究の内容が簡潔にまとめられ、参照すべき論文の情報が挙げられています。CiNii Articles では数多くの論文がヒットしますが、個々の論文に対する評価はわからないので、どれを優先して読むべき悩んでしまうこともあるでしょう。その点、参考文献類は最重要の論文に導いてくれるので初学者にとって

は重宝です。また **CiNii Articles** にはすべての論文の情報が掲載されているわけではありません（戦前などの古い論文や一部の紀要・報告書類は対象外）。このため、参考文献類は意外と役に立つのです。ケーススタディのミチコさんの場合でいえば、『国史大辞典』などの辞典や『年表 日本歴史』などの年表、『史学雑誌』が毎年出している「○○年の歴史学界――回顧と展望――」の号などが役に立つでしょう。これらがどのようなものなのかは実際に OPAC で検索して手にとってみてください。

論文を手に入れる

◎論文の情報を読みとる

CiNii Articles では、検索結果詳細表示画面で次のように表示されます。

- 論題❶
- 著者名❷
- 掲載誌名❸
- 掲載誌名、巻（号）、開始－終了ページ、発行年月❹
- 発行者❺
- ［CiNii Books］ボタン❻：クリックすると掲載誌が大学図書館にあるかどうか検索できる。

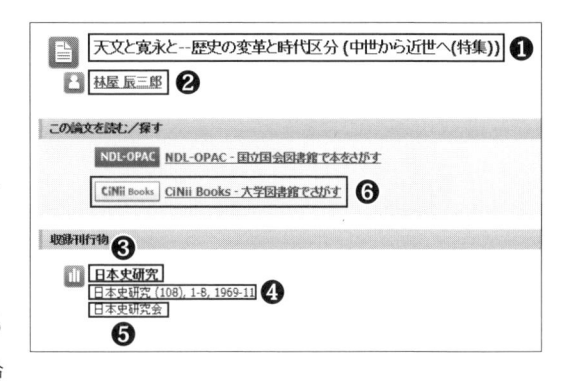

|1| ［大学図書館所蔵］以下に、所蔵している大学図書館の一覧が表示される❶。CiNii と契約している大学などからアクセスしているとき、そこの図書館が雑誌を所蔵していれば、一番上に表示される。

|2| 図書館名のとなりに緑色の OPAC ボタンがあれば、それをクリックすることで、自動的に大学図書館の OPAC を検索してくれる❷。灰色の場合には自分で OPAC を検索する（☞ 47 ページ）。

「ケンブリッジ大学 図書館」の下に「1-371+」とあるのは、この図書館が創刊号（第 1 号）

から371号まで所蔵しており、その後も継続して収蔵することを意味します（最後の「+」）。各図書館のOPACの画面は異なりますが、ほぼこれと同じように表示されます。

図書館が雑誌の一部の号しか所蔵していない可能性もあります。**目当ての論文を掲載している巻号が確実に所蔵されているかを確認してください。**

文献調査ノートを作ろう

目当ての論文が見つかったら、論文名・著者名・掲載誌名・巻号・ページ数・発行者・図書館の所蔵情報などを、**文献調査ノート**にメモしておきましょう。これらの情報は掲載雑誌を図書館で探すときだけでなく、レポートなどで論文を引用する際に必要な情報となります。論文だけでなく、本についても同じようにメモしておくとよいでしょう。

文献調査ノートは、B5判のノートを上下2段に分け、それぞれ1文献ずつ記録します。B6判のカードを使ってもいいでしょう。文献ごとに以下の各項目を順次記入していきます。

- 著者名、タイトル
- 書誌情報（収録雑誌名・出版社・ページ・発行年月日など）
- 図書館の請求記号・配架場所
- 調査した日付
- 簡単なメモ（☞発展「論文・本の概要を書く」）

文献調査ノートをパソコンで作る場合は、Evernoteで各文献の題名をタイトルにしたノートを作って上記項目を入力し、適当なタグを設定すればよいでしょう（☞133ページ）。

掲載誌を探してコピーしよう

さて、掲載誌が所属の大学図書館に所蔵されていたとしましょう。新着雑誌室（コーナー）や雑誌書架に行って自分で掲載誌を探すか、立ち入りできない書庫内であれば図書館スタッフに出納してもらいます。

図書館に所蔵する雑誌に掲載されている論文は、調査研究目的で一人一部に限ってコピーすることができます。ただし最新号は、著作権法の規定により、次号刊行後か相当の期間を経過しなければコピーできません。コピーの方法は図書館によって異なりますが、奥付や表紙など書誌情報の根拠となるページや、場合によっては英文タイトルや英文要旨などの参考情報も同時にコピーしておくと、後で論文を整理する際に便利です。

必要な論文を掲載した雑誌が所属大学の図書館になかった場合は、ほかの図書館やILL・国立国会図書館への複写申込みなどを利用しましょう（☞50ページ）。前の課で学んだように、

自分の大学の図書館だけですべての情報収集が終わると思うのはまちがいです。特に学術雑誌は発行部数が少ないものが多く、大きな大学の図書館でも所蔵していない雑誌はたくさんあります。めんどうがらずに足を使って論文を集めましょう。

読んだ論文から次の論文を見つける

こうやって手に入れた論文を読むと、本文や注にほかの論文が引用されたり参照されていたりします。場合によってはこれらの引用文献や参照文献にも目を通さないと、論文の内容が理解できないことがあります。このように、ある文献の引用・参照をたどって別の文献を探す方法のことを、**芋づる式**と呼びます。CiNii などでは見つからない重要な文献が芋づる式では容易に見つかることもありますし、文献の評価もある程度わかるので、たいへん重要なテクニックです。論文を探して読むことは、学びの終点ではなく新たな学びの出発点にもなっているのです。

また、論文や本を読むときには、必ず文献調査ノートにメモをとりながら読みましょう。読んでいるときには覚えていても、しばらくするとどのような内容だったのかを忘れてしまいます。集めた論文や本は、期末レポートや卒業論文などで何度も読みなおすものですから、気になったキーワードや、後で思い出すときの手がかりになるような簡単なメモ（☞発展「論文・本の概要を書く」）などをノートに書いておきましょう。

ワーク

①以下の文の（　）に、適切な語を記入しなさい。
　a. 日本の雑誌に掲載されている論文を検索する場合には、（　　　　）を使う。
　b. 目当ての論文や本が見つかったら、文献調査ノートに著者名・（　　　　）・（　　　　）・巻号・ページ数などをメモしておく。
　c. 論文にはほかの論文や本が引用されているので、そこから（　　　　）式に情報収集していく。

②以下の論文検索結果を見ながら、文献調査ノートを作ってみましょう（☞巻末ワークシート）。

> シャルチエが提案する読書の未来
> ナカマ太郎
> Taro Nakama
>
> 収録刊行物
>
> 好文大学文学部研究紀要　[巻号一覧]
> 好文大学文学部研究紀要 21, 15-17, 2012-02-01　[この号の目次]
> 好文大学

発展

電子ジャーナルを利用しよう

◎電子ジャーナルとは

　電子ジャーナルはオンラインジャーナルとも呼ばれ、ウェブを通じて提供される雑誌のことをいいます。理系の場合は、十数年前から研究に占める電子ジャーナルの重要性が高まり、研究にとって不可欠なリソースになっています。これに対して文系の場合、研究成果の公表はまだまだ紙媒体が主流で、特に日本では近年になってようやく過去の研究成果を電子化して公開するさまざまなプロジェクトが動き始めている状況です。

　電子ジャーナルには有償のものと無償のものがあり、有償のものは大学ごとに契約の有無やその内容が異なります。したがって、この課では誰でもフリーアクセス可能な日本の電子ジャーナルを例に解説することにします。

◎CiNii Articles で電子ジャーナルを読む

　CiNii Articles には論文検索だけではなく、電子化された論文へアクセスできる機能もあります。CiNii Articles では以下の手順で、電子ジャーナルのみを検索できます。

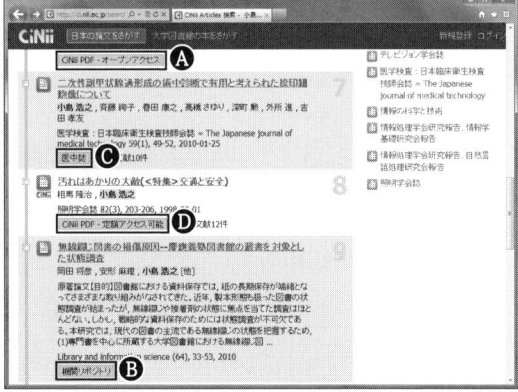

1	検索ボックス下のオプションボタンから、[CiNii に本文あり、または連携サービスへのリンクあり] ❶を選択、論文名や著者名などキーワードを検索ボックスに入力し❷、[論文検索] ボタン❸をクリックする。
2	検索結果一覧画面には、電子ジャーナルへのリンクがオレンジ色のアイコンで表示され、クリックすることで本文にアクセスできる。アイコンには図のⒶ～Ⓓの4種類があり、それぞれの詳細は次の表のとおり。

Ⓐ	CiNii PDF – オープンアクセス	CiNii にフリーアクセス可能な本文あり
Ⓑ	CiNii PDF – 定額アクセス可能	CiNii に有償アクセス可能な本文あり 大学によって契約していれば閲覧可
Ⓒ	機関リポジトリ	大学や研究機関が公開している学術機関リポジトリにフリーアクセス可能な本文あり
Ⓓ	そのほかの外部提携サイト	提携サイトにアクセス可能な本文あり ※実際のアイコンには提携サイト名が表示される

　CiNii Articles の基本的な機能はインターネットを通じてどこからでも利用することができます。しかし、55 ページの手順 1 でも述べたように、CiNii と契約している大学からアクセスするとさまざまなメリットがあります。上のⒷ「CiNii PDF – 定額アクセス可能」はそのなかの 1 つです。

論文・本の概要を書く

　56 ページで説明した文献調査ノートのメモ欄には、論文・本の概要を書くようにしましょう。といっても、その論文や本を全部読む必要はありません。論文や本は一般に三段構成法で書かれていますので、序論と結論だけを読んで、どんなことが書いてあるのかを大ざっぱに把握し（☞66 ページ）、それをメモしておくだけでよいのです。後でその論文や本の内容について思い出して、じっくり読むかどうかを決めるときの参考になるように、100 字以内で簡単に書きましょう。論文や本をじっくり読むときには、別に抜き書きノート（☞第 8・9 課）を作るとよいでしょう。

　またメモ欄に、論文に出てくる人物名や地名・文献名などのキーワード、特徴的な資料やデータの引用、ほかの文献との関係など、目に付いたことを箇条書きにしておくのもよいでしょう。短時間でより多くのことをメモできるように、工夫してみましょう。

　授業におけるノートテイキング（☞第 4 課）と同じように、文献調査ノートもパソコンを使ってまとめておくと、後でレポートや論文を書くときに便利です。文献調査ノートの積み重ねが、いつか皆さんのかけがえのない財産となるでしょう。

> **コラム**
>
> ### 「紀要(きよう)」って何？
>
> 　論文を探していると、『○×大学紀要』などのタイトルの雑誌をたくさん目にすることでしょう。この「紀要」とは何でしょうか。
> 　学術雑誌は、専門研究者により組織される学会が発行する学会誌、研究機関の成果公開を目的とする紀要、専門出版社が発行する商業誌などに大別されます。論文として社会的価値が高いのは学会が発行するものでかつ査読(審査)を経たものとされており、特に理系の場合はこの傾向が顕著です。しかし文系の場合、学会誌への掲載が難しい翻訳・訳註・テキストクリティークなどの基礎研究や、字数制限により学会誌や商業誌に掲載できない長大な論文などが、よく紀要に掲載されます。社会的に一段低く見られがちな紀要ですが、学術的価値が低いとは限りません。質の高い論文とは、掲載誌の社会的価値ではなく、あくまでそれ自体の学術的価値で決まることを覚えておきましょう。

ワーク

①以下の文の（　）に、適切な語を記入しなさい。

　a. ウェブを通じて提供される学術雑誌のことを（　　　　　　）と呼ぶ。

　b. CiNii Articles の検索結果から、大学や研究機関が公開している（　　　　　　）にアクセスすることができる。

　c. 論文や本を読む場合には、（　　　　　　）にキーワードや概要などをメモしながら読む。

② **宿題** 自分が関心を持っているテーマに関する論文を 2 本探して、コピーをとり、文献調査ノートに記録しましょう（☞巻末ワークシート）。

第 III 部

リーディングと問題発見

リーディングと問題発見

　企業における新製品の開発では、今何が売れているのか、何が消費者に求められているのかという情報をまず収集します。情報収集の結果、今売れている製品がわかったとしても、それとまったく同じものを開発するわけにはいきません。従来の製品の不満点などを分析し、それを解消する新しい機能などを追加した新製品を開発・販売をしなければならないのです。

　大学での学びもこれとよく似ています。第Ⅱ部で学んだ情報収集のスキルはたいへん重要ですが、それだけではただの情報通にしかなれません。集めた本や論文を批判的に読むことによって未解決の問題を発見し、それを解決するための方法を考えたり、別の情報を探したりして、問題の解決方法を提案することが求められます。この一連の作業を研究といいます。第Ⅲ部の2つの課では、研究の前半で重要になる2つのスキルについて学びます。

- 批判的なリーディングの方法……………………………☞第8課
- 問題発見の方法……………………………………………☞第9課

　情報を批判的に読み解くスキルは、情報社会の到来した今日において広く求められています。大学での学びを通じて、しっかりと身につけておきたいものです。

第8課

リーディング入門

ケーススタディ

ナカマ先生の授業「アジアの社会と情報」でレポート課題が出ました。

　　好文太郎『アジアにおけるコンピュータ文化の広がり』(好文出版、2012年) を読み、
　　要約したうえで、批判的に論じなさい。

ススムさんは、早速図書館でこの本を借りて読んだところ、たいへんおもしろいと思いました。要約は高校時代に小論文試験対策で習っていたので何とかできましたが、「批判的に論じなさい」というのがよくわかりませんでした。本に書いてあることは、どれも説得力があって正しいことに思えたので、批判しろといわれても悪いところがどこも見つからなかったからです。結局ススムさんは、以下のようなレポートを書いて提出しました。

本書の要約
　本書は、アジアにおける文化活動において、コンピュータの利用が普及していることを紹介している本である。アジア、といっても、本書では、中国、韓国、タイの話題が中心である。また、時代的には1990年代から2000年代が中心である。―中略―

批判
　この本は、たいへんおもしろい本だったが、漢字がたくさんあって読みにくかった。ふりがなをふってほしい。
　また、日本はアジアだと思うけど、日本のことが入ってないのは変だなぁと思った。それ以外にもアジアの国はあると思うので、タイトルがおかしいと思う。

ナカマ先生からレポートが返ってきたとき、「要約はよくできているけど、批判的な読みができていないねぇ」といわれました。

考えてみよう

①ススムさんの「批判」には何が足りなかったのか、グループで話し合ってみましょう。

この課のねらい

◎ リーディングの重要性について学ぶ。

◎ テキストの論旨の正確な把握のしかたについて学ぶ。

◎ リーディングしながらメモを取る方法について学ぶ。

◎ 批判的なリーディングについて学ぶ。

　大学における学びで大きな部分を占めるのがリーディングです（「読書」というと、小説やエッセイなどを楽しむために読む、というイメージがありますので、本書では学術書や論文などを読むことを「リーディング」と呼ぶことにします）。大学に入ってからのリーディングでは、単にテキストを正確に読むだけでなく、テキストの問題点を探し出すために批判的に読む必要があります。

リーディングのための基礎知識

テキストは社会の基盤

　大学ではたくさんのテキストを読まされます（本書では、本や論文・新聞などに書かれたまとまった文章のことを、まとめて「テキスト」と呼ぶことにします）。その理由は、知的な活動、文化的な活動、社会における情報発信などの多くがテキストによっているからです。もちろん、現代はマンガやテレビ・映画などの視覚的・聴覚的なメディアによる情報もたくさん流通しています（そして、そのような情報を「読む」教育——メディア・リテラシーといいます——が遅れていることも事実です）。また、フェイス・トゥー・フェイスでコミュニケーションをとったり議論したりすることも大切なことです。しかし、大学を含めた私たちの社会で、**最も基本となる情報は文字で書かれているテキストです**。

「読み」の転換

論旨の正確な把握
↓
批判的なリーディング

外に踏み出すために読む

　テキストを読むときに最初にやらなければならないのは、そこに書かれている情報・知識を理解する、ということです。そのためには、論旨を正確に（できれば短い時間で）把握するためのリーディング・スキルが必要となります。

その段階がクリアできたら、次に必要になってくるのは、批判的な読みです。「批判」といっても、反対意見や悪口をいわなければならない、ということではありません。**そこに書かれていることを客観的な視点で吟味し、評価するような読み方のことです。**客観的に吟味するためには、「ここに書かれているのは本当なんだろうか、別の見方はないのだろうか」という意識が必要です。ですから、たとえばある人の本を読んだところ、それと同じテーマについて別の人が書いた本を読みたくなった、それで始めて批判的なリーディングをしたことになるのです。

ケーススタディでナカマ先生が出した課題のように、大学では正確な論旨の把握とともに、批判的な読みも求められます。高校までに学んできた正確な論旨の把握を前提として、大学生になったら批判的な読みへとステップアップする必要があります。

◎テキストの種類

テキストにはいろいろな種類があります。大学では、小説やエッセイなどの文学的なテキストよりも、新聞記事や高校の国語で読んだ「説明文」のように事実を伝えたり主張を述べたりする**説明的テキスト**を多く読みます。大学図書館にある資料の大部分は、説明的テキストが載っている本や雑誌です。本書でも、説明的テキスト、特に学術論文などのような大学でよく読まれるテキストの読み方について説明していきます。

論旨を把握する／要約する

◎説明的テキストのタイプ

説明的テキストには、大きく分けて以下のようなタイプがあります。

❶ 全体で1つの主張をしようとするタイプ
❷ 全体で1つの主張をしようとしないタイプ
　　㋐　複数の主張が混在しているタイプ
　　㋑　特別な主張がないタイプ

短いテキストですと❶が多くなりますが、本のような長さになってくると❷の㋐のようなものも増えてきます。ただしその場合は、❶が集まったもの、と考えればよいでしょう。❷の㋑のタイプはあまりありませんが、調査報告書のような情報提供を主としたテキストなどにはこのタイプがあります。

また、著者が❶のタイプであると述べているテキスト（たとえば、序文などで「私が本書でいいたいことは1つだけだ」などといっている本）であっても、読んでみると複数の異なった主張が読み取れてしまうテキストもあります。逆に一見寄せ集めにしか見えないのに、そこから1つの主張が読み取れるようなテキストもあります。いずれにせよ、このようなタイプを意識しながら読むと、論旨の把握や批判的なリーディングがしやすくなるでしょう。

構造を把握する

上に書いたようなタイプを把握するためには、いきなり本文を読むのではなく、タイトル（書名・論文名など）・目次・見出しなどにざっと目をとおしましょう。そうすることで、大ざっぱに論旨をつかむことができます。

なぜそのようなことができるのかというと、特に上の❶のタイプのテキストの場合、そのように書く習慣があるからです。1つの段落では1つのことを主張する、1つの章や節も1つのことを主張するように段落をまとめる、最終的に1つのことを主張するようにそれらを1つのテキストに統合する…という具合に、**小さな主張やデータの積み重ねで大きな主張をする、というのが説明的テキストの基本的なスタイル**です。

序論と結論とを先に読むと、何が主張したいのかがつかみやすくなることがあります。特に❶のタイプの場合、テキスト全体の主張は、結論や序論に書いてあることが多いからです。これも、三段構成法という説明的テキストの書き方（☞114ページ）を意識した読み方です。

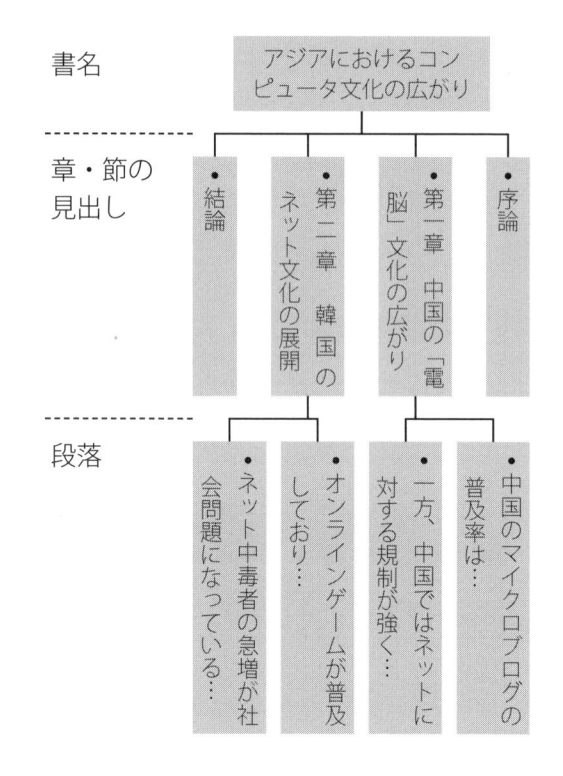

書名	アジアにおけるコンピュータ文化の広がり
章・節の見出し	・序論 ・第一章 中国の「電脳」文化の広がり ・第二章 韓国のネット文化の展開 ・結論
段落	・中国のマイクロブログの普及率は… ・一方、中国ではネットに対する規制が強く… ・オンラインゲームが普及しており… ・ネット中毒者の急増が社会問題になっている…

手を動かしながら読む

テキストのタイプや大ざっぱな内容が把握できたら、実際に本文を読みましょう。その場合、ただ目で文章を読むだけではきちんとしたリーディングはできません。**段落ごと、章・**

節ごとに重要な文に線を引き（もちろん図書館で借りた本には引いてはいけませんが）、**それをノートなどに抜き書きしたり、疑問点をメモしたりしながら読むと**、記憶だけを頼りに読むのと比べて格段に深く内容を把握することができます。特に抜き書きしたノートをとなりに置いて、それを随時見ながら読むことをおすすめします。

なお、抜き書きにはノートのほかにカードもよく使われますが、いずれにせよ、多くの情報が蓄積されると必要な情報を探し出すのに手間がかかるようになる、という問題点があります。この点、パソコンで抜き書きメモを作ると、あとから情報を検索したり再利用したりするが容易である、というメリットがあります（☞発展「メモを取るツールを使う」）。

主張の読み取り
・段落や章・節ごとの主張を読み取る

抜き書き
・主張をよく表している文を抜き出す

要約の作成
・ひとつづきの文章として読めるように加工する
・指定された文字数にまとめる

◎要約の作成

　要約の作成は、リーディングの前半の「論旨の正確な把握」の仕上げといえます。内容をきちんと把握しているつもりでも、要約がうまくできない場合があります。要約することで、「論旨の正確な把握」の訓練になります。

　要約とは、簡単にいえば、段落や章・節ごとの主張を抜き書きしたものをつなげたものです。もちろん、単に抜き書きをつなげただけでは読んでも意味がわからないものになりますから、加工が必要です。また、要約にはたいてい文字数の制限がありますから、それにあわせて調整する必要もあります。

ワーク

①以下の文の（　）に、適切な語を記入しなさい。

　a. 批判的リーディングとは書かれていることを（　　　　）な視点で吟味し、（　　　　）するような読み方のことをいう。

　b. 説明的テキストのタイプを把握するには、まず（　　　　）・（　　　　）・（　　　　）などにざっと目をとおすとよい。

　c. きちんとリーディングするには、重要な文に（　　　　）、それを（　　　　）したり、（　　　　）をメモしたりしながら読むとよい。

②巻末の小論文「シャルチエが提案する読書の未来」を読んで、各段落の主張を抜き書きし、要約しましょう（☞巻末ワークシート）。要約ができたら第7課で作成した文献ノートに加筆しましょう。

発展

メモを取るツールを使う

66ページの「手を動かしながら読む」ではノートを使った手書きのメモについて述べましたが、パソコンを使える環境であれば、パソコンでメモをとりながら読むのも1つの手です。後から編集・再利用したり、検索したりするのが容易だからです。前に紹介したEvernoteは、リーディングの際のメモツールとしても使えます（☞33ページ）。

また、アウトラインプロセッサと呼ばれるソフトウェアは、テキストの構造を把握しながらメモをとることに向いています。右の図はWordの「アウトライン表示」で、アウトラインプロセッサの一種です。アウトラインとは「あらすじ」のことですが、パソコンの用語としては、66ページの「構造を把握する」の図にあるようなテキストの構造のことをいいます。つまり、章・節などの見出しで構成された目次のようなものです。アウトラインプロセッサを使えば、テキストの構造をこのように見やすい形で表現することができます（☞155ページ）。

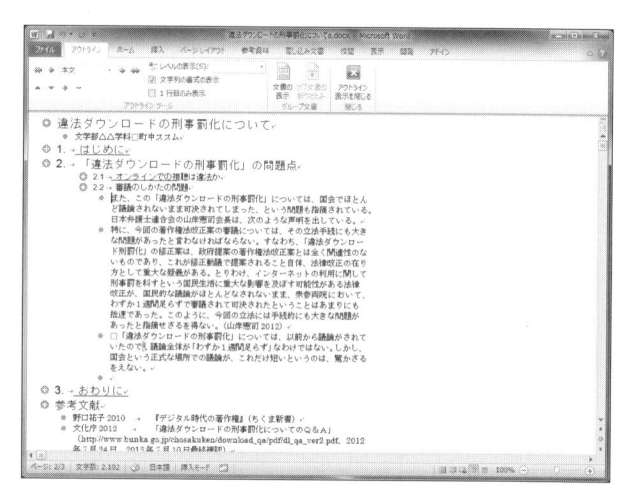

批判的なリーディングのために

◎関連するテキストを読もう

ケーススタディのような課題が出た場合、どうすれば「批判」ができるでしょうか。論述に飛躍はないか、いっていることに矛盾はないか（たとえば、段落Aと段落Bでいっていることが違っていないか）など、テキストの中身を見て判断する方法ももちろん重要ですが、それだけでは批判としては不十分です。65ページで、批判的なリーディングとは「客観的な視点で吟味し、評価するような読み方」だと学びましたが、それを行うためにはほかのテキストとの比較が必要となってきます。

論旨の正確な把握　＋　ほかのテキストとの比較　＝　批判的なリーディング

たとえば、ある論文で「作家Aの作品には、近代に対する批判をテーマとしたものが多い」

という主張がされていたとします。このとき、

- 作家Aについて分析している別の研究者の論文や本
- その論文が分析していない作家Aの作品

などを読むことによって、論文に書かれている内容を吟味します。その結果、やはり論文の主張が妥当である、となることもあるでしょうし、逆に論文の主張に問題点がある、と感じることもあるでしょう。どちらの結論になったとしても、このような読み方は「批判的」なのです。言い換えれば、ケーススタディのような課題が出た場合には、そのテキストだけを読んでも課題はこなせない、ということです。

演繹と帰納

65ページで説明的テキストのタイプについて学んだように、テキストには主張があります。その主張のしかたは**演繹**と**帰納**という2つの方法に、さらに分類できます。

演繹というのは、右の図のように、すでに明らかになっていること（前提）を使って、個別の事例を検討し、前提が正しかった、と主張する方法です。それに対して帰納は、複数の事例の分析を通じて、そのあいだにある法則性を見出し、それを主張する、という方法です。

演繹型のテキストの場合、前提≒主張が最初の方（序論など）に書いてあるもの（頭括型／両括型）が多く、帰納型のテキストだと逆に主張が最後に書いてあるもの（尾括型）が多い、という傾向があります。66ページで「序論と結論とを先に読んでしまう」というリーディングのテクニックを紹介しましたが、そのテキストが演繹型なのか帰納型なのかを意識しながら読むと、より内容を把握しやすくなると思います。

演繹法

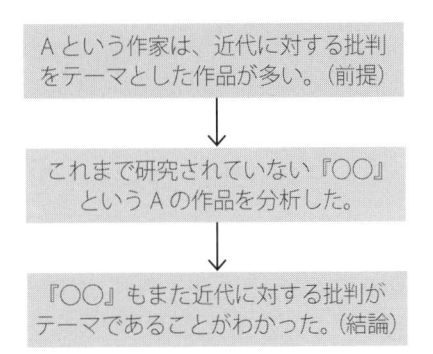

Aという作家は、近代に対する批判をテーマとした作品が多い。（前提）
↓
これまで研究されていない『〇〇』というAの作品を分析した。
↓
『〇〇』もまた近代に対する批判がテーマであることがわかった。（結論）

帰納法

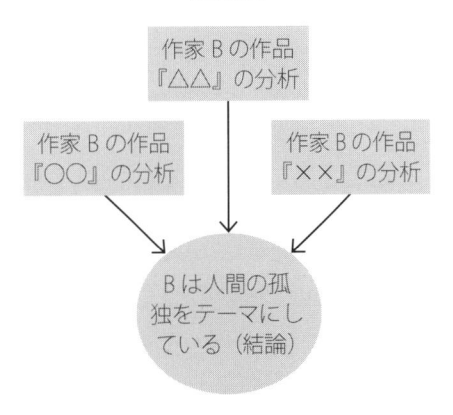

作家Bの作品『△△』の分析
作家Bの作品『〇〇』の分析
作家Bの作品『××』の分析
→ Bは人間の孤独をテーマにしている（結論）

また、批判的なリーディングをする場合にも、演繹型／帰納型を把握していると、批判しやすくなります。演繹型であれば、前提が成り立たないような別の用例はないかを探すこと

で批判できます。帰納型であれば、別の用例を追加しても結論は変わらないかを検証することが、批判的なリーディングとなるでしょう。

---コラム---

多読のススメ

　ある統計によると、大学生が4年間で読む本の冊数は、日本の大学生が約100冊であるのに対して、アメリカの学生は約400冊（名門校だと約1,000冊）なのだそうです。これは、アメリカ人が本好きなのではなくて、大学の授業のなかでそれだけ読まされるからだそうです。本課で説明したように、1冊の本、1本の論文を批判的に読むためには、それ以外の本や論文を読んで比較する必要があります。もちろん、何でもアメリカが正しい、というつもりはありませんが、読書量に限っていえば、アメリカのほうが正しいと思います。第1課で学んだように、大学生は自習しなければならないのですから、特に課題がないときでも、普段から授業に関連する本を読む習慣を身につけたいものです。

ワーク

① 以下の文の（　）に、適切な語を記入しなさい。
　a. 批判的なリーディングのためには（　　　　　　）に加えて（　　　　　　）が必要である。
　b. すでに明らかになっていること（前提）を使って個別の事例を検討し、前提が正しかったと主張する方法を（　　　　　　）という。
　c. 複数の事例の分析を通じて、そのあいだにある法則性を見出す方法は（　　　　　　）である。

② 巻末の小論文「シャルチエが提案する読書の未来」は演繹型か帰納型か、考えてみましょう。

③ 巻末の小論文「シャルチエが提案する読書の未来」について、グループでディスカッションしてみましょう。

④ 宿題　第7課で調査した自分が関心を持っているテーマの論文の要約を作成し、文献調査ノートに加筆しましょう。

第9課

問題発見

ケーススタディ

　大学3年生になったミチコさんは、卒業研究のテーマを決めなければなりません。指導教員のキサラギ先生が「自分の興味のあることをテーマにすればいいです」といっていたので、小学生のころから大好きだった織田信長をテーマにすることにしました。そのことをキサラギ先生に伝えると、「織田信長はやりつくされているから難しいんじゃないのかなあ？」といわれました。興味のあることをテーマにしろといわれたから織田信長を選んだのに、キサラギ先生はなぜそのようなことをいうのだろう、とミチコさんは思いました。

　しばらくして、自分の卒業研究のテーマについてゼミで発表しなさい、という課題が出ました。ミチコさんが織田信長について検索したところ、たくさんの論文や本が出てきました。そこで見つけた本のなかから2冊ほど読んでその内容を紹介する発表をし、最後に「卒業研究では、織田信長についてもっと詳しく調べていきたいと思います」としめくくりました。

　発表後、キサラギ先生から次のようにいわれました。「調べるだけでは卒業研究にはならないよ。やっぱり織田信長は難しいかな。テーマを変えたほうがいいんじゃないですか？」

　ミチコさんはがっかりした気持ちになりました。

考えてみよう

①キサラギ先生が「織田信長はやりつくされているから難しい」といったのはなぜか、考えてみましょう。

②キサラギ先生がいう「調べるだけでは卒業研究にはならないよ」とはどのような意味なのか、考えてみましょう。

> ## この課のねらい
>
> ◎ 問題発見の大切さについて理解する。
>
> ◎ 問題発見の方法について学ぶ。
>
> ◎ グループで問題発見する方法を学ぶ。
>
> 　第1課で学んだように、自分で問題を発見し解決することは、大学での学びで身につけたい重要なスキルです。卒業論文はその代表例といえます。キサラギ先生のように「自分の興味のあることをテーマにすればいい」と指導する教員は少なくありませんが、これは問題発見するための最初の手がかりとして「興味のあること」から始めてみよう、という意味であって、興味があることであれば何でもテーマになるわけではありません。先行研究のなかから未解決の問題を発見することで、はじめてレポートや論文のテーマとなるのです。この課では、その方法について学びます。

問題発見の大切さ

◉新製品開発と大学での学びの類似点

　想像してみてください。あなたがある会社で新製品を開発する仕事をしているとします。その新製品がヒットするための条件は、どのようなものでしょうか。

❶ まだ発売されていない種類の製品。誰かがすでに販売しているものであれば、それは「新」製品とはいいません。
❷ 世の中の人が欲しいと思っているもの。または、発売される前は誰も欲しいとは思っていないが、発売されたら欲しいと思うもの。

　❶を達成するために、あなたならどうしますか。これから自分が開発しようとしている製品をほかのどこの会社も開発していないか、情報収集して確認するのではないでしょうか。また、すでに似たような製品が発売されていたとしても、従来のものよりも使いやすくしたり、機能を強化したりして、これまでにない価値を付け足そうとするのではないでしょうか。また❷を達成するために、世間の人々が現在どのような不満を持っており、どのような製品を必要としているのかについて、市場調査（マーケティング）を行ったり、予想を立てたりするのではないでしょうか。

大学での学びも、これと似ているところがあります。第1課で学んだように、大学での学びは次の3点です。

1 基礎学力・教養
2 学部・学科で学ぶ専門知識
3 未解決の問題を発見し、自力で解決する能力

このなかの**3**が、大学での学びの特徴であるということは、すでに説明したとおりです。そしてこの**3**こそが、上で述べた新製品開発の話と重なります。

たとえば、あなたがある歴史上の人物に興味を持って、卒業論文のテーマにしたとします。あなたが書いた卒業論文の内容が、誰かの本や論文にすでに書いてあることと同じであれば、あなたにとっては勉強になったでしょうが、ほかの人にとってはその卒業論文を読む意味がほとんどありません（先に書いた人

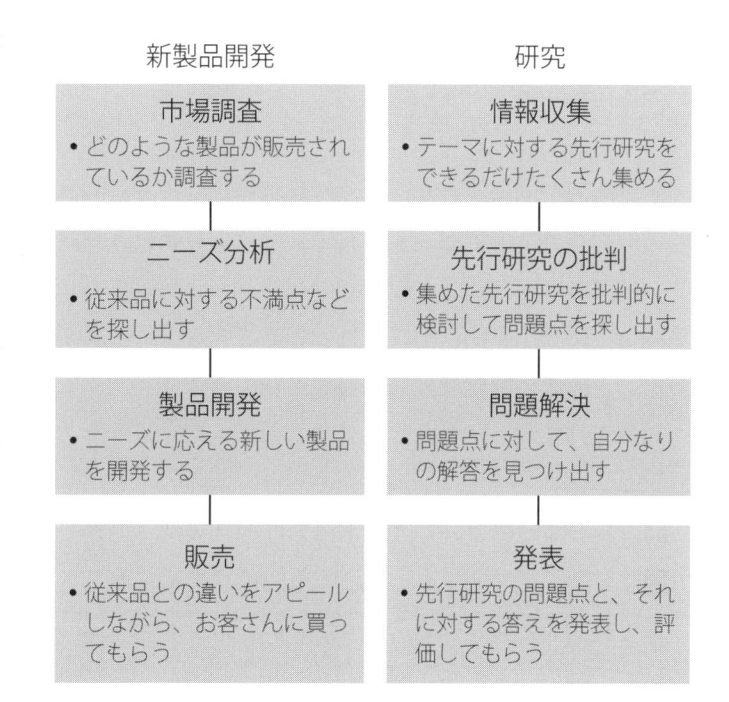

新製品開発	研究
市場調査 ・どのような製品が販売されているか調査する	**情報収集** ・テーマに対する先行研究をできるだけたくさん集める
ニーズ分析 ・従来品に対する不満点などを探し出す	**先行研究の批判** ・集めた先行研究を批判的に検討して問題点を探し出す
製品開発 ・ニーズに応える新しい製品を開発する	**問題解決** ・問題点に対して、自分なりの解答を見つけ出す
販売 ・従来品との違いをアピールしながら、お客さんに買ってもらう	**発表** ・先行研究の問題点と、それに対する答えを発表し、評価してもらう

の本を読めばよいのですから）。その人物についての本や論文（**先行研究**といいます）をできる限り集めて読み、**先行研究を批判的に読むことで矛盾や問題点、足りない部分を発見し、それに対する自分なりの答えを出す**ことを試みて初めて卒業論文となるのです。

身につけた問題発見のスキルは、社会に出た後でも応用できます（社会人基礎力でも「課題発見力」などのいい方で問題発見の重要性がいわれています。☞ 12ページ）。大学での学びのなかで訓練を積み、ぜひとも身につけてください。

スタディ・スキルと問題発見

ここまでの説明で、第Ⅱ部で学んできた情報収集や、前の課で学んだリーディングなどのスキルが、問題発見を目的としたものであることがわかったのではないかと思います。このことについて、万有引力の法則などで有名なニュートンは、自分の仕事が "Standing on the shoulders of giants."（巨人たちの肩に立っている）といっています。つまり、ニュートンの偉大な

発見も、先行研究の積み重ねがあり、そこから問題発見したからこそ生まれたのです。

問題発見の基礎

◎問題発見の種類

問題には大きく分けて次の2種類があります。

- すでに問題だとわかっているが、未解決の問題（未解決型）
- まだ誰も気づいていない問題（新発見型）

未解決型の問題は、先行研究の調査によって見つけ出すことができます。先行研究がお互いに批判し合う論争をしていれば、そこにはまだ未解決の問題がある、ということになります。邪馬台国の九州説・畿内説の論争や、夫婦別姓賛成・反対の論争など、よく知られている論争もありますが、それ以外のさまざまな分野・領域でも、先行研究を調査することで数多くの未解決の問題を発見することができます。

論争以外にも、たとえば論文などを読んでいると、次のような表現をよく目にします。

❶○×の問題については、本稿では取り扱うことができなかった。今後の課題としたい。
❷従来の研究では、AとBという問題が指摘されてきた。本論文では、そのうちAについて検討したい。

このうち❶は、「今後の課題」なのですから（その論文が書かれた時点では）未解決の問題として残されている、ということです。ただし、その論文の筆者が、これから研究すると宣言していることになりますので、他人には少々手が出しにくい課題ではあります。❷の場合、Aについては解決しているかもしれませんが、Bについては未解決、ということになります。このような文を見つけることができれば、問題が発見できた、ということになります。

一方の新発見型は、先行研究に明示的に書かれていない問題を発見しようというのですから、少し難易度はアップします。具体的な方法としては、批判的なリーディング（☞第8課）の手法を使います。

◎抜き書きに問いかけをする

批判的なリーディングから問題発見するサンプルとして、中央教育審議会大学分科会大学教育部会「「予測困難な時代において生涯学び続け、主体的に考える力を育成する大学へ」（審議まとめ）」（平成24年3月26日、http://www.mext.go.jp/b_menu/shingi/chukyo/chukyo4/houkoku/1319183.

htm、2012年12月13日最終確認)の抜き書きから、問題点を発見してみましょう。

抜き書き	問いかけ	対策
以前に比べ、大学の授業改善のための工夫も進んできているが、国民、企業そして学生自身の学士課程教育に対する評価は総じて低い。	⇨本当に授業改善って進んでるか？ ⇨授業改善が進んでいるのになぜ評価が低いんだ？ ⇨学生はともかく、国民や企業に評価される筋合いはないんじゃないか？	⇨大学の授業改善に関する文献、統計資料を探す。 ⇨どのような評価がでているのか調べる。 ⇨大学は誰のためのものなのか？　⇨大学の歴史を調べる。
予測が困難になっている今の時代にあって、若者や学生の「"答えのない問題"に最善解を導くことができる能力」を育成することが、大学教育の直面する大きな目標となる。	⇨予測困難な時代のための教育って具体的には何をするの？ ⇨大学の目標を、なんで文部科学省が決めるんだ？	⇨授業の事例を調べる。 ⇨大学の制度を調べる。
学士課程教育の質的転換の前提として、十分な総学修時間の確保を促すことが重要である。	⇨（上の例を参考に、問いかけてみよう。）	⇨（問いかけへの対策として何をすればよいか考えよう。）

　このように「なぜ？」「どうやって？」と問いかけ、その問いかけへの対策を考えます。このプロセスを思いつく限り繰り返すことによって、何を調査すればよいのかがわかってきます。その調査を行うことが、問題発見につながっていくのです。
　ほかにも問題発見の方法はいくつもあります。下の2冊はその参考になると思います。

- 戸田山和久『新版　論文の教室　レポートから卒論まで』(NHK出版、2012年)
- 鹿島茂『勝つための論文の書き方』(文春新書、2003年)

ワーク

①本文でとりあげた「予測困難な時代において生涯学び続け、主体的に考える力を育成する大学へ」に、追加の「問いかけ」と「対策」をしてみましょう。
②巻末の小論文「シャルチエが提案する読書の未来」を抜き書きし、上のサンプルのように「問いかけ」と「対策」をしてみましょう（☞巻末ワークシート）。

発展

グループで問題発見

三人寄れば文殊の智慧

　問題発見においては、一人で行うよりもグループで行ったほうが、より多くの問題点が指摘されたり、一人では気づくことのできなかった角度からの問題が発見されたりと、さまざまなメリットがあります。卒業論文などは個人的な作業となりますが、社会に出たらむしろチームによる活動が増えますので、グループによる問題発見の機会も増えるでしょう。

　テキストや抜き書きをグループ内で共有することができれば、74〜75ページで紹介した抜き書きに対する「問いかけ」⇨「対策」を繰り返すことで問題発見する方法も、グループで行うことが可能です。

バズセッション

　バズセッションは、十数人〜数十人の集団（たとえば大人数の授業・会議のような形態）におけるグループディスカッションの方法としてよく知られています。バズセッションによる問題発見は、次のような手順で行います。

❶テーマの提示：あらかじめテキストを配布して読んできてもらってもよいし、その場で誰かがプレゼンテーションをしてもかまいません。映像などを見てもよいでしょう。

❷グループディスカッション：6人程度のグループに分かれ、提示されたテーマの問題点についてディスカッションを行います（グループディスカッションの方法については第2課を参照）。自由に討論してもよいでしょうし、上の「問いかけ」⇨「対策」を行ってもよいでしょう。

❸発表と共有：ある程度の時間ディスカッションを行ったら、各グループの代表者にどのような問題を発見したのかを発表してもらい、参加者全員でこれを共有します。

KPT法

　第2課で紹介したブレインストーミングと同様の、グループで問題発見し、アイデアを出すための方法に、KPT法があります。KPT法は、すでに発表されているものを評価したり、それまでの活動をふりかえったりする場合によく使われる方法です。

　KPT法では、議論のテーマについて、維持（Keep）すべきところ、問題（Problem）のあるところを、ブレインストーミング（☞14ページ）のようにどんどん書き出します。

　そしてそれをグルーピングして整理した後、維持すべきところを維持するにはどうすれば

よいのか、問題点を解決するにはどうすればよいのかについて、何ができるのか（Try）を書き出していく、という方法です。

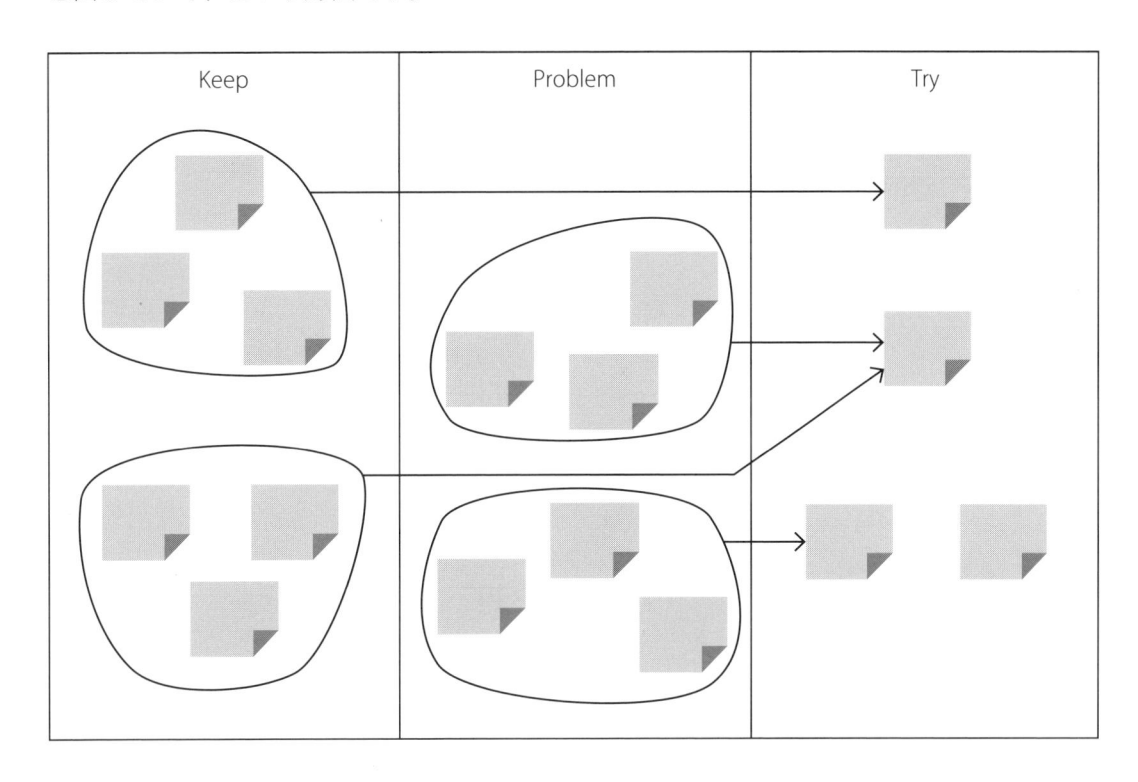

小さな問題点から大きな主張へ

　ここまで紹介した、抜き書きに対する「問いかけ」⇨「対策」法や、バズセッション、KPT法などを使えば、多くの問題点を発見できるのではないかと思います。しかし、それを寄せ集めたとしても、それだけでは次の課以降で学ぶ研究発表（プレゼンテーションやレポート・論文など）としてまとめることはできません。

　小さな問題点をまとめて大きな主張＝研究発表につなげていくためには、第8課で学んだ「構造を把握する」（☞66ページ）の逆を行います。そこでは、説明的なテキストが次のようなルールに従って書かれることが多い、ということを説明しました。

- 1つの段落では1つのことを主張する。
- 段落を集めて章や節にまとめることで1つのことを主張する。
- 章や節を集めて1つのテキストにするときにも1つのことを主張するようにまとめる。

　大きな主張にまとめる方法もこれと同じです。「問いかけ」⇨「対策」法などで見つけ出した問題点と、それに対する解答が、「1つの段落」の「1つの主張」に相当します。これら

の小さな問題点と解答とを組み合わせて、より大きな主張へとまとめていくのです。たとえば、75ページの「予測困難な時代において生涯学び続け、主体的に考える力を育成する大学へ」では、次のようなまとめ方ができるでしょう。

- 「授業改善が進んでいるのになぜ評価が低いんだ？」という問いかけに対していろいろ調べたところ、「大学で行われている授業改善の内容と、社会でのニーズとがマッチしていない」という論文を見つけた。
- 「予測困難な時代のための教育って具体的には何をするの？」という問いかけに対して、「問題解決型授業が効果的だ」という論文を見つけた。

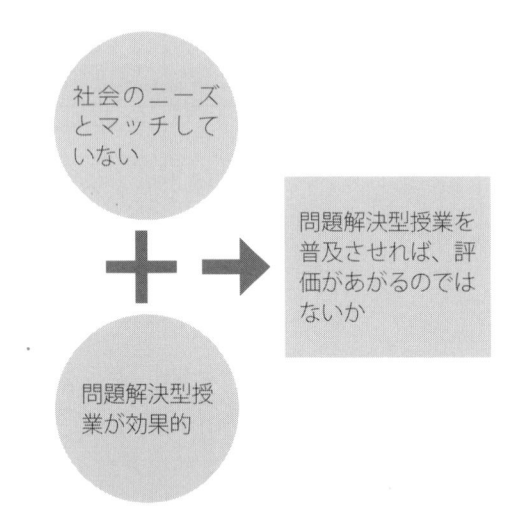

社会のニーズとマッチしていない ＋ 問題解決型授業が効果的 → 問題解決型授業を普及させれば、評価があがるのではないか

　このようなまとめを繰り返していくことで、全体として大きな主張へとまとめていくのです。その際、どうしてもくっつけることができない問題点がでてきますが、むりやりまとめようとしないで、どんどん捨てていきましょう（今回捨てた問題点も、いつか別の機会に使えることがあるので、むだにはなりません）。逆にいえば、問題点を探す場合には、後で捨てることができるくらいたくさん集めないといけない、ということです。

ワーク

① 以下の文の（　）に、適切な語を記入しなさい。
　a. 十数人～数十人の集団におけるグループディスカッションの方法として、（　　　）がよく知られている。
　b. KPT法とは、（　　　）すべきところと（　　　）のあるところを書き出し、それについて（　　　）を書き出していく、という方法である。
　c. 問題発見を研究発表につなげるためには、（　　　）をまとめて（　　　）にする作業が必要である。

② 本文でとりあげた「予測困難な時代において生涯学び続け、主体的に考える力を育成する大学へ」について、バズセッションで問題点を出し合ってみましょう。

③ 第2課でブレインストーミングを行ったテーマについて、KPT法を使ってディスカッションし、改善案について提案してみましょう。

第IV部

レポート執筆とプレゼンテーション

レポート執筆とプレゼンテーション

　第Ⅲ部で新製品開発の話をしました。新製品に搭載された新しい機能が本当に消費者のニーズにあっているのかどうかは、販売することによって初めてわかります。また販売する際には、その製品の価値をわかりやすく消費者に伝える必要があります。

　研究もまた同様です。これまで学んできた情報収集や批判的なリーディングを通じて問題を発見し、それに対するすばらしい解決案を考えついたとしても、それを発表しなければ研究がうまくいったのかどうかはわかりません。また、その発表のしかたにも、自分の主張を相手に伝える工夫が必要です。研究発表にはさまざまな方法がありますが、第Ⅳ部では、大学でよく行われるプレゼンテーションとレポート・論文について学んでいきます。

- すべての研究発表に共通すること……………………… ☞第10課
- プレゼンテーションの方法………………………… ☞第11・12課
- レポート・論文の執筆方法………………………… ☞第13・14課

第10課

調査から研究へ

ケーススタディ

　ススムさんはナカマ先生の「映画論入門」の授業を受けています。期末レポートとして「日本の映画監督について調べて比較したうえで、自分の考えを述べなさい」という課題が出ました。その際、先生が「参考にした文献は、必ず出典を書くように」といっていたので、次のように参考文献を書きました。

レポート「日本の映画監督について」

町中ススム

　日本の映画監督について調べてみた。

　黒澤 明（くろさわ あきら、1910年3月23日 - 1998年9月6日）は、日本の映画監督。小津安二郎、溝口健二、成瀬巳喜男らと共に、世界的にその名が知られた日本映画の巨匠であった。日本では「世界のクロサワ」と呼ばれた。

　小津 安二郎（おづ やすじろう、1903年12月12日 - 1963年12月12日）は日本の映画監督。「小津調」と称される独特の映像世界で無声映画からトーキー、白黒からカラー映画と世代を超えて優れた作品を次々に生み出し、世界的にも高い評価を得ている。

　どちらも世界的に評価されているようだが、私は黒澤明監督しか観たことがない。だからこれから黒澤明について述べる。――中略――

　参考文献：Wikipedia

　ススムさんは残念ながら単位を取得できませんでした。ナカマ先生にその理由を質問したところ、「あなたのレポートは剽窃ですね」といわれました。

考えてみよう

①ススムさんのレポートはなぜ剽窃なのか、理由を考えてみましょう。
②前の課までに学んだこともふまえながら、ススムさんのレポートの問題点についてグループで話し合ってみましょう。

この課のねらい

◎ 調査や問題発見を研究としてとりまとめ、発表するまでのプロセスを理解する。

◎ 文献を引用することの意味について学ぶ。

◎ 文献の引用方法について学ぶ。

　情報収集や問題発見で得られた結果を研究としてとりまとめ、レポートやプレゼンテーションとして発表するまでのプロセスは、大学在学中だけでなく、社会に出てからも必要とされる重要なスキルです。そのなかでも特に重要なのが、先行研究をどのように自分の研究発表にとりこんでいくか、という点です。ススムさんのレポートは、それを理解していなかったために「剽窃」と判断されたのです。この課では、ここまで学んだスキルを用いて調査した結果を、研究発表にまとめる方法について学びます。

問題発見から研究発表へ

研究発表としてまとめる意味

　前の課では問題発見の重要性について説明しました。あなたが発見した問題とそれに対する解決策が意味のあるものだったのか——新製品開発の例でいえば、あなたの開発した新製品が本当に社会のニーズを反映したものなのか——を確認するためには、それをレポートやプレゼンテーションなどにまとめ、発表して、ほかの人に評価してもらうほかありません。**発表された研究は、ほかの人によって情報収集され、先行研究として引用される、という形で評価されます。**

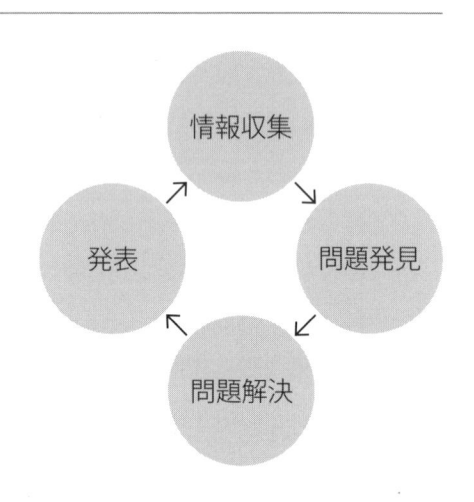

　前の課で「巨人たちの肩に立っている」というニュートンの言葉を紹介しましたが、皆さんも誰かの肩の上に乗るだけでなく、誰かが乗ってくれるような研究発表をすることを目標としましょう。

第10課　調査から研究へ

社会に出たときに役立つスキル

　プレゼンテーションやレポート（論文）が課されるのは、大学生のあいだだけではありません。職種にもよりますが、むしろ社会に出てから必要なスキルだといえるでしょう。大学で学んだ専門知識と、就職してから必要となる知識とは別だとよくいわれますが、情報収集から研究発表へと至る一連のスキルは社会に出てもそのまま応用できます。ゼミ発表やレポートなどに積極的にとりくんで、身につけておきたいものです。

研究発表の基本

発表方法の種類

　研究発表のしかたにはさまざまな方法がありますが、大学では主に次の2つの方法が用いられます。

- プレゼンテーション（口頭発表・ポスター発表など）
- 文書による発表（レポート・論文・本など）

　次の課からは、この2つの発表方法について具体的に学んでいきます。

自分の考えは他人に語らせる

　あなたがある会社で健康食品の広告を担当しているとします。自信を持って販売できる商品なので、その良さをアピールしたいと思ったとき、あなただったらどうしますか。「この商品は本当に体に良いんです。ぜひ一度試してみてください。私が保証します！」などとあなたの熱い思いだけをアピールしても、なかなか買ってもらえないでしょう。商品の良さをアピールする場合には、右のポスターのように、自分以外の信頼のおける誰かに商品の良さを語らせることで説得力を増そうとすることが多いのではないでしょうか。

　研究発表もこれと似ているところがあります。たとえば、大学でのレポート課題には、しばしば「〜につ

いてあなたの考えを述べよ」「〜を読んで思ったところを書きなさい」「〜について論じなさい」という指示があります。これを文字どおり受け取って、「あなたの考え」だけを書いたら、（先ほどの「私が保証します」と同じで）あまり説得力がありませんので、高い点数はもらえないでしょう。**あなたに主張したいことがある場合、それをあなた自身の考えとしてアピールするのではなく、ほかの人に語らせることでアピールする、というのが研究発表の基本となります。**

◎他人の意見と自分の意見を分ける

「自分の考え」を他人に語らせるのであれば、当然他人の意見を引用しなければなりません。その場合、**自分の意見と他人の意見とはしっかりと区別して示さなければ、剽窃になってしまいます。**

引用の際、他人の意見であることを示す方法については、ある程度定まった形式があります。短い文章の場合は「仕事の文章を書くときには、事実と意見（判断）との区別を明確にすることがとくに重要である」（木下是雄『理科系の作文技術』中公新書、1981年、7ページ）のように「　」でくくって本文に埋め込むのが一般的です。長文の引用の場合は、

> 　仕事の文章を書くときには、事実と意見（判断）との区別を明確にすることがとくに重要である。これは、何でもなさそうにみえるが実はそれほどようぃなことではない。
> 　（同上）

という具合に、段落全体を2字ないし3字下げることで、それが引用であると示すことが多いです。そして、上の例のように、原則として引用した文章の出典は引用のたびに明記します。出典の書き方は、上のように（　）でくくって示す場合もありますが、レポートなどであれば脚注を使う場合もあります（☞118ページ）。

また、読者への配慮だとしても、引用を勝手に書き換えるのは著作権法の同一性保持権侵害になることがあるので注意しましょう。誤字があったら「後字」のように、誤字のままであることを示した上で、そのまま引用するのが一般的です。要約して引用することもできますが、その場合は正確に要約し、出典も必ず書きましょう。

◎研究発表には制限がある

研究発表には、分量の制限があります。プレゼンテーションの場合ですと、15分間の発表と5分間の質疑応答、といった具合です。レポートなどでもほとんどの場合「2,000字程度」といったような字数制限がつきます。この制限のなかで、できるだけ多くのことを、説得力をもって伝えるためには、どの情報を入れてどの情報を削るか、といったような作業が必要

になります。ときどき、15分で発表しなさいという課題が出たのに5分しかしゃべらない学生がいますが、そのような準備不足は論外です。与えられた分量を使い切ることも学びの1つだと考えてください。

　そして、研究発表にはしめきりがあります。プレゼンテーションであれば「〇月×日の授業で発表しなさい」、レポートであれば「〇月×日までに提出」といった具合です。そのためにはスケジュール管理（☞9ページ）が必要になります。しめきりから逆算して（少し余裕を持たせて）スケジュールを組みましょう。**準備が間に合わずプレゼンテーションする日に欠席したり、レポートのしめきりを守れなかったりした学生は、単位をもらえなくてもまったく文句をいえません。**

◎おもしろさ、わかりやすさ、説得力

　プレゼンテーションも論文も、多くの人に知ってもらい、おもしろいと思ってもらわなければ、せっかくすぐれた内容の研究であっても埋もれてしまう可能性があります。もちろん、内容がしっかりしているのが前提ですが、それとともにより効果的に伝えるための技術も必要となります。

ワーク

①以下の文を読み、内容が正しいと思うものには〇を、誤りだと思うものには×を、（　）内に記入しなさい。

　a. 情報収集のスキルは社会に出ても役に立つが、集めた情報をまとめて研究発表するスキルは大学でしか役に立たない。　　　　　　　　　　　　　　　　　（　　　　）

　b. 説得力のある研究発表をするためには、なるべく自分の言葉を使って自分が主張したいことを述べるべきである。　　　　　　　　　　　　　　　　　　　（　　　　）

　c. 自分の発言と他人の発言を区別することが、研究発表の大原則である。（　　　　）

②宿題　巻末の小論文「シャルチエが提案する読書の未来」を引用しながら、「シャルチエが紙の書籍のみを擁護し、書籍のデジタル化に反対している、という見方はまちがっている」という意見を、300〜400文字程度で主張してみましょう。

発 展

参考文献の示し方

参考文献の書き方の形式

参考文献の示し方にも、定まった形式があります。その形式を守っていないプレゼンテーションやレポートは、たとえ内容がしっかりしていたとしても、きちんと評価されないこともあります。形式は大学や研究分野によって違いますので、ここでは代表的な2つの方法を紹介します。

スタイル A

種類	凡例	例
本	著者・編者名（発行年）『書名』（出版社）	二階堂善弘（1998）『封神演義の世界—中国の戦う神々』（大修館書店） 漢字文献情報処理研究会（2012）『電脳中国学入門』（好文出版）
論文	著者名（発行年）「論文タイトル」（『収録雑誌・書籍名』巻号）	山下一夫（2010）「東北皮影戯研究のために—凌源および哈爾浜」（『中国都市芸能研究』第9輯）
本（欧文）	著者・編者名．（発行年）．書名〔イタリック〕．出版地：出版社．	Umesao, Tadao. (2003) *An Ecological View of History: Japanese Civilization in the World Context*. Melbourne: Trans Pacific Press.
論文（欧文）	著者名．（発行年）．論文タイトル．．書名〔イタリック〕，巻（号），開始ページ - 終了ページ．	Moro, Shigeki. (2002) Chiko's Criticism of the Hosso Sect, and Wonhyo's Influence. *Journal of Indian and Buddhist Studies*, 50 (2), 977-980.

スタイル B（人文系で多い）

種類	凡例	例
本	著者・編者名『書名』（出版社、発行年）	二階堂善弘『封神演義の世界—中国の戦う神々』（大修館書店、1998年） 漢字文献情報処理研究会『電脳中国学入門』（好文出版、2012年）
論文	著者名「論文タイトル」（『収録雑誌・書籍名』巻号、発行年）	山下一夫「東北皮影戯研究のために—凌源および哈爾浜」（『中国都市芸能研究』第9輯、2010年）
本（欧文）	著者・編者名．書名〔イタリック〕，出版地：出版社，発行年．	Umesao, Tadao. *An Ecological View of History: Japanese Civilization in the World Context*, Melbourne: Trans Pacific Press, 2003.
論文（欧文）	著者名．"論文タイトル"．書名〔イタリック〕，巻（号），発行年，開始ページ - 終了ページ．	Moro, Shigeki. "Chiko's Criticism of the Hosso Sect, and Wonhyo's Influence." *Journal of Indian and Buddhist Studies* 50 (2), 2002, 977-980.

ここに挙げた方法はあくまでも一例です。「　」や『　』・（　）の使い方は、学問分野や大学によってそれぞれ慣習があります。詳細は教員の指導を受けてください。

◎図・表・ウェブページなど

　図や表・統計資料などを引用する場合にも、それらが掲載されている文献名やページ数を、上の参考文献の書き方と同じように明示します。

　ウェブページの場合は、次のように書くのが一般的です。なお、＊がついている項目は、不明な場合は記入しなくてもよいものです。

種類	凡例	例
ウェブページ	作成者＊「タイトル＊」（アドレス、作成年月日＊、最終確認年月日）	Google「Googleの理念 – 会社情報」（http://www.google.com/intl/ja/about/corporate/company/tenthings.html、2012年12月21日最終確認）

　ウェブページの「最終確認」というのは少しわかりにくいかもしれません。紙に印刷された書籍や論文と異なり、ウェブページはいつでも書き換えることが可能です。したがって、今日見たウェブページの内容が、明日には書き換えられているかもしれません。ですので、いつそのページを見たのかを、出典を示す際に書かなければならないのです。

◎プレゼンテーションで参考文献を引用する

　参考文献の具体的な引用方法にも、さまざまなルールがあります。レポート・論文での引用方法については第14課で改めて取り上げることとして、ここではプレゼンテーションでの引用方法について説明します。

　口頭のプレゼンテーションで本や論文の作者・題名・刊行年などをすべて読み上げるのは、長くなる上に聴衆にとって聞き取りにくいので、現実的ではありません。スライドに書いておいても、やはり細かい所まですべて読み取ることはできないでしょう。一般に使われるのは、次の課で学ぶレジュメなどのプレゼンテーション資料に参考資料を書いておいて、「いま申し上げた意見は、配付資料の3に挙げたナカマ先生の論文に見えます」というように言及する方法です。

　プレゼンテーションも研究発表の一種ですので、他人の意見と自分の意見とを区別し、参考文献をきちんと示さなくてはならない点は、レポート・論文と変わりがありません。

◎補足説明のしかた

　前の課の「小さな問題点から大きな主張へ」で学んだように、問題発見で集めた問題点をすべて使うのではなく、しぼりこんでいくことで研究発表を作っていきます。しかし、研究

発表全体の主張から少し外れるものの、補足説明としてどうしても研究発表のなかに入れておきたいと思うものもあるでしょう。そのような場合にはたとえば、プレゼンテーションの場合にはスライドには書かずに口頭で補足説明する、レジュメやレポートの場合には脚注のなかに補足説明を書いて本文には書かないといった具合に、それが補足説明であると明示することが大切です。

コラム

Wikipediaは引用してもよいか

　ケーススタディではWikipediaを「参考文献」に用いていました。最近、このようにWikipediaをコピー&ペーストしただけのレポートが増えていることから、大学の教員のあいだではWikipediaの評判はよくありません。しかしケーススタディの場合、Wikipediaがほかの辞書・事典類——たとえば『広辞苑』などに置き換わったとしても、評価はあまり変わらないでしょう。

　Wikipediaや『広辞苑』をはじめとする辞書・事典類には、情報が簡潔にまとまっており、短時間で調べ物をするためには便利なものです。しかし、辞書・事典類にのっている情報は、学界や社会で共有化された情報、一言でいえばあたりさわりのないものであることが多いのです。それに対して問題発見や研究発表で行うべきことは（ここまで学んできた皆さんであればわかると思いますが）、これまでいわれてきたこと、常識だと思われていることに対して新しい情報を加えたり、異議申立てしたりすることです。

　ススムさんが受講していた「映画論入門」では、事典などにのっているような一般常識についても講義されていたでしょうが、それとともに事典にのっていないようなこともたくさん話されたのではないかと思います（教員にとっては、講義も研究発表の場の1つなのですから）。その講義を半年なり一年なり聞いた後で、辞書を使ってレポートを書く、というのは、「私は授業を聞いていませんでした」というメッセージを教員に向かって発信しているようなものです。

ワーク

①以下の文を読み、内容が正しいと思うものには○を、誤りだと思うものには×を、（　）内に記入しなさい。

　a. 参考文献を書くときの形式は、世界中で統一されているので、それに従わなければならない。　　　　　　　　　　　　　　　　　　　　　　　　　　　　　（　　　）

　b. 図や表には著作権がないので、出典を明記する必要はない。　　　　（　　　）

　c. ウェブページを参考文献として引用する場合には、いつそのページを閲覧したのかを明記しなければならない。　　　　　　　　　　　　　　　　　　　　（　　　）

第11課

プレゼンテーション入門1

ケーススタディ

ナカマ先生の「日本文化論」の授業で、自分が関心を持っている伝統文化について調べ、スライドを作って発表する課題が出ました。ミチコさんはタンスの歴史を調べて次のような1枚のスライドを作りました。

タンスの歴史

- 私は昔から日本の伝統文化に興味があったので、タンスの歴史について調べてみたところ、タンスが普及したのは意外と新しくて明治時代になってからだそうだ。
- 江戸時代以前にもタンスはあったが、高級品だったので庶民は持っておらず、行李などを使っていたらしい。
- 現在は「箪笥」と書くけど、江戸時代以前は「担子」と書いたらしい。

ミチコさんのプレゼンテーションは、スライドに書かれていることを読みあげるだけでしたので、ごく短い時間で終わってしまいました。ナカマ先生には「これだったら、このスライドを印刷して配るだけでいいね」といわれました。

考えてみよう

① ミチコさんが伝えたかったことは何だったのでしょうか。スライドから読み取ってみましょう。

② 前の課で学んだこともふまえながら、ミチコさんのスライドの問題点についてグループで話し合ってみましょう。

> ### この課のねらい
>
> ◎ プレゼンテーションの特性について理解する。
>
> ◎ プレゼンテーションの基本的なスキルを学ぶ。
>
> ◎ ハンドアウトやレジュメの作り方を学ぶ。
>
> 　プレゼンテーションは研究発表の方法の1つですが、目の前にいる聴衆とコミュニケーションをとりながら自分の主張を伝えることができるという点で、レポートや論文と異なります。ミチコさんは、そのような違いを理解せずにプレゼンテーションしてしまったのです。ここではプレゼンテーションの特性について理解した上で、自分の伝えたいことを効果的に伝える方法について解説します。

プレゼンテーションとは

プレゼンテーションの特性

　プレゼンテーションという言葉にはたくさんの意味がありますが、本書では「自分の研究成果を、主に口頭で伝達すること」という意味で用います。

　研究発表の重要性については、前の課ですでに学びました。ですが研究発表にはプレゼンテーション以外にもさまざまな方法があります。どうして人前に立って口頭でしゃべらなければならないのでしょうか。

　理由の1つは、**プレゼンテーションでしか伝えられないものがある**ということです。自分が調べたこと、研究したことについて心からおもしろいと思っていても、レポートや論文に直接その気持ちを反映させることはできません。しかし、プレゼンテーションの場合は、熱意やわくわく感などを聴いている人に伝えることができます。たとえそのことを口にしなくても、表情や口調、身ぶり手ぶりなどによって伝わることは少なくありません。

　もう1つは、**聞いている人々とコミュニケーションがとれる**ということです。論文や本などで発表されたものについては、読者がどんなに反論しても、それが書きかわることがありません。しかしプレゼンテーションは、聴衆とのあいだで双方向的なやりとりが可能です。また、質疑応答のような情報のやり取りだけでなく、会場の雰囲気や聴衆の反応にあわせて話す内容を変化させることだってできます。

　このようなことができるプレゼンテーションは、成功すれば強い説得力をもって自分の主張を相手に伝えることができます（逆に失敗すれば、せっかくの良い主張であっても伝わらないこと

もあります)。

さまざまなプレゼンテーションのスタイル

プレゼンテーションにはさまざまなスタイルがありますが、最近ではPowerPointなどで作ったスライドを大きなスクリーンで見せながら説明するプレゼンテーションが広く行われています。しかし人文系などには紙に印刷した配布資料（レジュメなど）を用いるのが一般的で、PowerPointなどをあまり使わない分野も多いようです。

また、研究成果をまとめたポスターを作って発表する**ポスター発表**なども行われています。複数のポスターが展示してある会場を参加者が自由に移動し、人が集まったところから発表がはじまる、というスタイルが多いようです。

プレゼンテーションの基本スキル

プレゼンテーションの3つの要素

プレゼンテーションの準備をすること＝PowerPointのスライドを作ること、と考える人も多いようです。しかしプレゼンテーションには次の3つの要素があるといわれており、スライドを作ることはその一部にすぎません。

- **Organization**：話の内容・構成
- **Visual Aids**：スライドなどによる視覚的な補助
- **Delivery**：話し方・伝え方

これらはすべて、自分の主張を聴衆にいかに印象づける

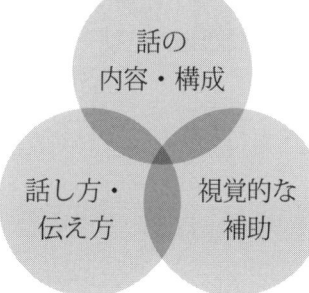

か、という目的のためにあることを忘れてはいけません。

話の内容・構成を考える

プレゼンテーションの準備でいちばん重要なのは、話の構成を考えることです。これを考えるためには、以下のような点を考慮しなくてはなりません。

- どのような聴衆を対象とした発表なのか
- 発表時間はどれくらいか
- どのように話を組み立てれば聴衆に効果的に伝わるか

論文や本は、誰に読まれるかがわかりません。しかし**プレゼンテーションでは、どのような聴衆が対象となるのかをある程度予想することが可能です**。専門知識を持った大学の先生を相手にする場合と、予備知識のない小中学生を相手にする場合とでは、主張したいことは同じでも、話す内容はだいぶ異なるでしょう。

また、時間配分も重要です。時間制限のあるプレゼンテーションの場合、細かいデータなどを提示することよりも、自分がいちばん伝えたい主張を聴衆に印象づけることが優先です。しかし前の課で学んだように、まったく根拠を示さずに説得力のある主張をすることはできません。ですから、**限られた発表時間で伝えるべきことは何かを考える必要があります**。

話の組み立て方は、レポートを書くときと同じで（☞第14課）、序論・本論・結論の三段構成法がよく使われます。しかしプレゼンテーションの場合は、最初におおまかな結論をいってしまう**結論先行型**のほうが聴きやすいものです（☞発展「三段構成法」）。

視覚的な補助

専門用語がたくさん出てくる授業を、配布資料も板書もなしで聞かなければならない状況を想像してください。プレゼンテーションのときにも、口頭で話すだけでなく、スライドや印刷された配布資料（ハンドアウト・レジュメなど）による視覚的な補助も使うほうが、自分の主張を効果的に伝えることができます。

視覚的な補助を使うべき情報は、大きく分ければ次の2つになります。

- 耳で聴くだけではわからない／わかりにくい情報
- 目で見たほうがわかりやすい情報

たとえば、次ページの表のような情報を口頭で伝えられてもとても把握できません。ですから、スライドや配布資料などに表を掲載する必要があります。しかし、表を使っても、ぱっ

と見ただけではどのような内容なのかわかりにくいかもしれません。右のグラフのように数字をヴィジュアル化することで、よりわかりやすく伝えることができる場合もあります。

	A	B	C	D
1月	102	97	115	78
2月	144	86	61	35
3月	89	77	178	21

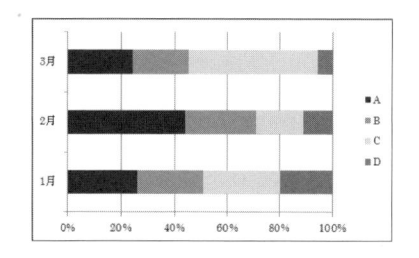

→

スライドの作り方の実際については、次の第12課および巻末で説明します。

話し方・伝え方

　人前で話すことについては、得意な人・苦手な人、緊張する人・しない人など、人によってさまざまです。上手に話せるようになるためには、とにかく何度も練習を繰り返すしかありませんが、**台本（読み原稿）は必ず準備しましょう。**

　テレビのアナウンサーは、1分間に300～350文字程度を読んでいるとのことです。この文字数をおおよその基準に、発表時間から逆算して台本を作りましょう。

　そして、**台本を作ったら必ずリハーサルをしましょう。** 本番では緊張して早口になるなど、なかなか台本のとおりにはいかないものです。こればかりは、練習あるのみです。

　また、先ほども述べたように、プレゼンテーションの目的の1つは聴衆とのコミュニケーションです。ですから、せっかく台本を入念に準備しても本番で台本に目を落としたままそれを読み上げるだけでは、聴衆に良い印象を与えることはできないでしょう。プレゼンテーションの参考書には、目線や姿勢、身ぶり手ぶりなどのボディーランゲージについて説明しているものもありますが、何よりもまず大切なのは、聴衆の方に視線を向け、伝えたい、わかってもらいたい、という熱意を示すことです。

ワーク

①以下の文の（　）に、適切な語を記入しなさい。
　a. 研究成果を主に口頭で発表することを（　　　　　）と呼ぶ。
　b. プレゼンテーションの3つの要素とは、（　　　　）・（　　　　）・（　　　　）である。スライドを作ることはその一部にすぎない。
　c. 口頭発表の前には（　　　　　）を準備し、事前に必ずリハーサルを行う。

発展

効果的な話の構成

三段構成法

　序論・本論・結論の三段階で話を組み立てる、オーソドックスな方法です。ほぼあらゆるタイプのプレゼンテーションで用いることができます。

　序論では、どうしてこのプレゼンテーションをすることになったのかという背景を説明して問題意識を共有します。それとともに、**結論もしくは主張を最初に聴衆に伝えておいたほうがよいでしょう。**

　序論部分では、聴衆に興味を持ってもらえるようなエピソードを入れたり、聴衆を驚かすようなデータを示したりすることで、プレゼンテーションを聞きたいと思わせる雰囲気を作り出すことも大切です。もっとも、序論に力を入れすぎると本論や結論を伝える時間が足りなくなり、プレゼンテーションに失敗してしまうことにもなりかねません。**ペース配分に注意**しましょう。

序論	動機・目的・意義 先行研究の評価 研究の立場 研究の方法 主な結論・主張
本論	問題の解明 論拠となる材料の提示 反対意見の論破 予想される反論への対処
結論	論旨の要約 結論・主張 残された問題点・課題

　本論では、結論もしくは主張の根拠となるデータや資料を提示します。これも先ほど述べたように、説得力を増そうと思って細かすぎるデータやたくさんのデータを紹介しても、聴衆が把握しきれないので、かえって逆効果になることもあります。

　結論では、それまで述べてきたことを要約するとともに、序論で述べた結論を再度繰り返します。

　ケーススタディのミチコさんのスライドを、三段構成法で書き換えるとしたら、たとえば次のようになるでしょう。

意外と新しいタンスの歴史

文学部△△学科
山村ミチコ

問題の所在

・タンスは日本の伝統家具?
　－タンスが普及したのは明治以降
・タンスに関する研究の少なさ

明治以前のタンス①

・上流階級のためのぜいたく品
　－証拠A
　－証拠B
・「担子」から「葛笥」へと変化
　－証拠C

明治以前のタンス②
- 庶民は行李や長持などを使用
  - 証拠D
  - 証拠E

結論
- タンスは近代以降の家具
  - 「創られた伝統」
- 「伝統文化」についての研究が必要

◎何かを提案する場合の構成

　三段構成法はいろいろなタイプのプレゼンテーションに用いることができますが、何かを提案したい場合には、ほかにいくつかの方法があります。たとえば、「若者が活躍できる社会にするために大学生は選挙の投票に行くべきだ」ということを主張したい場合、「**動機づけ方式**」で構成すれば次のようになります。

注意をひきつける
- 『AERA』2012年12月3日号によれば、過去10年の選挙で投票者の平均年齢はなんと57歳だそうです。

問題の提示
- 選挙は「国民の意志」を示すものだといわれますが、実際には「高齢者の意志」だったのです。これでは若者が活躍できる社会になりません。

解決策の提案
- 若者が投票したり、選挙に立候補したりすることで、このようなアンバランスな状態が解決されるのではないでしょうか。

結果の想像
- 想像してみてください。若者の意見が政治に反映されるようになれば、若者がのびのびと活躍できる社会になると思いませんか。

Action
- まずは、大学生の皆さんが積極的に投票に行くことからはじめませんか。

ハンドアウトやレジュメの作成

　プレゼンテーションのときに配布する資料のことを**ハンドアウト**や**レジュメ**といいます。ハンドアウトやレジュメの定義は分野によって異なりますが、本書では次のように定義します。

- ハンドアウト…話の流れがわかる目次のようなもの
- レジュメ…話の流れがわかる資料集

たとえば、先ほどのタンスのスライドをハンドアウトにすると次のようになります。

意外と新しいタンスの歴史

文学部△△学科　山村ミチコ

1. 問題の所在
   - タンスは日本の伝統家具？　→　タンスが普及したのは明治以降
   - タンスに関する研究の少なさ
2. 明治以前のタンス
   - 上流階級のためのぜいたく品
   - 「担子」から「箪笥」へと変化
   - 庶民は行李や長持などを使用
3. 結論
   - タンスは近代以降の家具　→　「創られた伝統」
   - 「伝統文化」についての研究が必要

参考文献
   - 小泉和子『ものと人間の文化史 46　箪笥』（法政大学出版局、1982 年）
   - ……

これに根拠となる資料を追加すればレジュメになります。スライドと異なり、**資料は省略せずにたくさん載せるほうが説得力を増します。**

ワーク

①以下の文の（　）に、適切な語を記入しなさい。

a. 三段構成法は、（　　　　）・（　　　　）・（　　　　）からなる。

b. プレゼンテーションでは、（　　　　）もしくは主張を最初に伝えると聴きやすくなることが多い。

c. 話の流れがわかる目次のような配布資料を（　　　　）と呼び、それに根拠となる資料を追加したものを（　　　　）と呼ぶ。

第12課

プレゼンテーション入門2

ケーススタディ

　前の課と同じ「日本文化論」の授業で、ススムさんは「日本におけるクリスマスの歴史」と題して発表を行うことにしました。先生や同じクラスの友だちにインパクトのあるプレゼンテーションをしようと思い、画像をたくさんはりつけ、アニメーションもいれるなど、時間をかけてスライドを準備しました。

　発表はよくできたとススムさんは思っていました。クラスの友だちも「スライドがすごいな」といってくれました。しかし、ナカマ先生の評価はそれほどでもないようです。上のスライドについてススムさんにこんな質問をしました。「ノートルダム寺院の写真があるけど、キリスト教の弾圧に関係があるの？」「いえ、かっこいい教会だったので…。」「日本橋の絵があるけど、出島と関係あるの？」「江戸時代っぽい雰囲気を出そうと思って…。」

考えてみよう

①ナカマ先生の質問から、ススムさんのスライドの問題点を考えてみましょう。
②①で指摘したこと以外にも、ススムさんのスライドに問題点があれば、指摘してみましょう。

この課のねらい

◎ 聴衆の理解を助けるスライド作成の基本を学ぶ。

◎ プレゼンテーションの基本を学ぶ。

◎ 質疑応答について学ぶ。

　PowerPoint はプレゼンテーションのツールとして広く用いられています。PowerPoint を上手に使えば、聴衆の理解を深めるスライドを効率的に作成することができます。しかし見た目ばかりにこだわると、余計な手間がかかるばかりで思ったような効果が得られず逆効果になってしまいがちです。本課では、聴衆の理解を助ける効果的なスライドの作成のしかたと、それを使ったプレゼンテーションの実際について学びます。

スライド作成の基本

スライドは文字情報が中心

　実際のスライド作成方法については、巻末のマニュアル（☞ 139 ページ）を参照してください。ここでは、発表者の自己満足のためではなく、聴衆の理解を助けるためのスライドを作るにはどのようにすればよいのか、失敗例を見ながら学んでいきましょう。

　前の課で学んだように、プレゼンテーションには次の 3 つの要素があります。

- Organization：話の内容・構成
- Visual Aids：スライドなどによる視覚的な補助
- Delivery：話し方・伝え方

　PowerPoint のスライドは、いうまでもなく Visual Aids のための方法の 1 つです。繰り返しになりますが、その目的は自分の主張を聴衆にいかに印象づけるかという点にあります。

　スライドを作成していると、どうしても見栄えの良さを求めて、写真やイラスト・アニメーションなどを多用したくなるものです。しかしケーススタディのススムさんのように、ビジュアル的な格好良さばかりを追求して主張したいことと関係のない画像を使ってしまっては本末転倒です。聴衆は話と画面とが食い違うことに混乱するかもしれませんし、画面ばかりに注意を取られて話が耳に入らなくなってしまうかもしれません。

　スライドを使うのはあくまでも、話の要点やキーワードを目で確認しながら聞いてもらう

ためです。したがって、**スライドにのせる情報は文字情報が中心**となります。グラフや写真は、耳で聞くだけではわからない／わかりにくい情報（統計情報など）や、目で見たほうがわかりやすい情報（風景など）を見せるために用いるのであって、装飾ではありません。

◎スライド１枚の情報量

話す内容やプレゼンテーション会場の規模、聴衆の数などによって変わってきますが、スライド１枚あたりにのせるべき情報量は以下に挙げた分量がおよその目安となります。

- 文字数：多くて7〜8行。1行あたり15文字程度。
- 話す時間：1〜3分程度。

画像や表・グラフなども含めて、なるべく1〜3分で伝えられるような情報量にしましょう。特にグラフは、字が小さくなったり色分けがわかりにくくなったりすることがよくあるので、聴衆の見やすさを考えて、なるべくシンプルに作りましょう。

右のスライド**1**は、明らかに文字数が多すぎます。聴衆がスライドの文字を読むことに集中してしまうと、発表者の話が耳に入りません。また、プレゼンテーションで伝えたい要点ではないところ（「意外！」「びっくり！！」）が強調されています。このような感情を伝えることができるのも、プレゼンテーションならではのおもしろさであるといえますが、スライドに盛り込むことは控え、口頭で伝えるようにしましょう。

スライド**2**は、逆に情報量が少なすぎます。このスライドだけで1〜3分間の話をしても、話す内容にもよりますが、スライドはほとんど聴衆の理解の助けにならないでしょう。上に挙げた目安を参考にしながら、適切な文字数のスライドを作成しましょう。

1
問題の所在
・タンスは昔から日本の家庭にあると思っていませんか？　でも**意外！**なことに、タンスが一般家庭に普及したのは明治以降のことだそうです。
・もうひとつ意外なことに、タンスについての歴史研究はそれほどありません。今回調べてみて**びっくり！！**しました。

↓

問題の所在
・タンスは昔から日本の家庭にある？
　－一般家庭に普及したのは明治以降
・タンスに関する研究の少なさ

2
今日のプレゼンは...
タンスの謎？！

◎読みやすさに配慮する

　パソコンでスライドを作っているときの見え方と、スクリーンやテレビモニタなどに映し出されるときの見え方では、だいぶ印象が違います。聴衆とスクリーンやテレビモニタとの距離は、何メートルも離れていることが多いので、それだけでスライドは読みづらくなってしまいます。**発表時には作成時よりも見づらくなる**という前提で、スライドを作成するように心がけましょう。

　たとえば右の**3**の例では、背景に写真を用いて、その上に文字を表示していますが、これでは文字がたいへん読みにくくなってしまいます。多少画像が小さく地味になったとしても、文字がはっきりと読めるようなレイアウトやデザインを採用しましょう。そして、**文字を大きめにして、背景との色の違いを際だたせる**ことによって、見やすいスライドを作成しましょう。

　また、PowerPointには文字や画像などを強調するための簡単なアニメーション機能があります**4**。うまく使えば聴衆に強い印象を与えたり、注意をうながしたりすることができますが、初心者はしばしばアニメーションを使いすぎて、作成に時間がかかる割にインパクトのないスライドを作ってしまいます。**アニメーションは控えめに**、とりたてて必要がないのであれば（特に初心者は）使わないほうがよいでしょう。

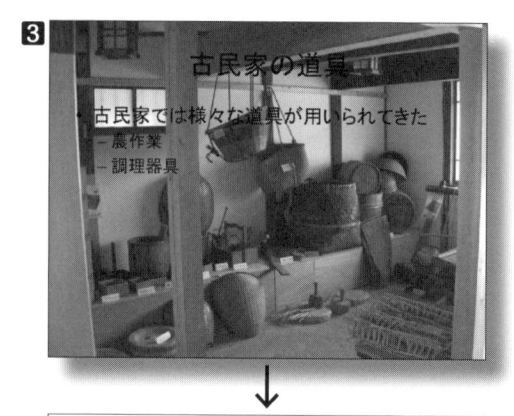

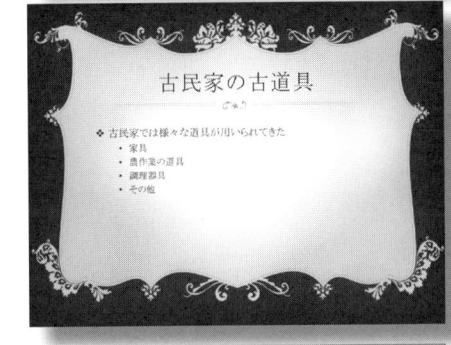

ワーク

①以下のスライドを見て、どのような問題点があるか指摘してみましょう。

a.

b.

c.

d.

> 発展

プレゼンテーションの実際

◎姿勢・視線・発声

　スライドが完成したらいよいよプレゼンテーションです。前の課でも学んだように、いきなり本番のプレゼンテーションをするのではなく、あらかじめ台本（読み原稿）を用意し、リハーサルをするようにしましょう。

　プレゼンテーションの際に気をつけなければならないのは、**姿勢・視線・発声**です。といっても特別なことをする必要はなく、（聴衆にとって）自然であればよいのですが、意外とそれができない人が多いのです。

- **姿勢**：聴衆の方を向いて、まっすぐな姿勢であればよいのですが、スライドの方向を向いて立ってしまったり、机が前にあるとそれに手をついて前かがみになってしまいがちです。
- **視線**：聴衆の方に向けます。台本がある場合にはついそちらに目を落としてしまいますし、ない場合にもスライドばかりを見てしまうことがありますが、なるべく聴衆とアイコンタクトをとることを心がけましょう。アイコンタクトをとる場合、反応が良い人（うなずきながら聞いてくれる人など）を集中して見てしまいがちですが、なるべく聴衆全体に視線を送るようにしましょう。
- **発声**：声の大きさや話のスピード、聞きやすいスムーズな話し方などです。マイクがない場合には、やや大きめの声で話したほうがよいでしょう。また、緊張すると早口になりがちです。ゆっくり話すように心がけましょう。本番でしどろもどろになることのないように、リハーサルを繰り返してスムーズな話し方を練習しましょう。

　可能であれば、自分の姿をビデオにとってチェックしてみるのもよいでしょう。自分が思っている姿と、ビデオに写った自分の姿が、意外と異なっていることに気づくと思います。

◎質疑応答

　プレゼンテーションが終わったら質疑応答です。質疑応答による意見の交換は、プレゼンテーションの醍醐味といえるでしょう。質問は、単に疑問を解消したり反対意見を述べたりするだけのものではなく、発表者に対する感謝の気持ちや敬意の表明にもなります。ですから、**プレゼンテーションを聞く側は、積極的に質問しましょう**。

　質問するときには、まず感謝の言葉を述べ（例：「おもしろい発表を聞かせていただき、ありがと

うございました」)、発表内容の良いところをほめましょう（例：「〜については知らなかったので、たいへん勉強になりました」）。その後、質問や意見、批判などをコンパクトに述べましょう。**質問・意見・批判などは非難ではありません**。発表者への人格攻撃などはもちろんしてはいけません。発表してくれた相手に敬意を持って質問しましょう。

一方、発表者は、質問内容をメモしながら聞きましょう（そのためのメモ用紙・筆記用具はあらかじめ準備しておきましょう）。質問が1つではなく複数の場合、メモをとっておかないと忘れてしまうことが多いからです。

質問者がひととおり話し終わったら、発表者は質問者に感謝の気持ちを伝え（例：「ご質問、ありがとうございました」）、質問を復唱して内容を確認してから回答しましょう。また、その場では答えられない質問も出るかと思います。その場合は無理に回答しようとせず、「ありがとうございます。今後の課題としたいと思います」というように答えればよいでしょう。

質疑応答はコミュニケーションです。発表者も質問者も、一方通行にならないような発言を心がけましょう。

◎司会のしかた

プレゼンテーションは、その場（ゼミ、研究会など）に司会者（座長などとも言う）がいたほうがスムーズに進行します。ここでは司会のしかたについて簡単に説明します。

- プレゼンテーションの前に、発表者やプレゼンテーションの内容について簡単に紹介する。
- プレゼンテーション中は、時間の管理をする（発表者が制限時間をオーバーしそうになったら、時間内に切り上げるように促す。オーバーしたら打ち切る）。
- プレゼンテーションが終わったら、プレゼンテーションの内容を簡単に要約するとともに、聴衆に質問を促す。質問が出なければ、司会者が質問してもよい。
- 質疑応答時間が終わったら、プレゼンテーションの終了を宣言する（拍手を促す）。

ワーク

①以下のスライドと台本を使ってグループで相互にプレゼンテーションし、巻末ワークシートを使ってお互いに評価しましょう。

スライド

```
意外と新しいタンスの歴史

     〇〇学部△△学科
       あなたの名前
```

```
問題の所在

・タンスは日本の伝統家具？
  －タンスが普及したのは明治以降
・タンスに関する研究の少なさ
```

台本

【スライド1枚目】

　　　これから「意外と新しいタンスの歴史」という題で発表させていただきます、（　　　　）学部（　　　　）学科（　　　）年生の（　　　　）です。よろしくお願いします。

【スライド2枚目】

　　　まず最初に、私がなぜこの発表をしようと思ったのか、という問題意識について話させていただきます。

　　　皆さんは「タンス」というと、日本に昔からある伝統的な家具だと思っていないでしょうか。私はそう思っていました。しかし、今回私がタンスの歴史について調べてみたところ、タンスが一般庶民に普及したのは、明治時代以降だということがわかってきました。これは私にとって、たいへん意外でした。

　　　もう1つ意外だったのは、タンスについての研究が少ないということでした。タンスのことを知らない人はいないのに、タンスの由来や歴史についてはよくわかっていない、というのです。

　　　この発表では、以上の2点を中心に、タンスの歴史的な研究の問題点について話したいと思います。

第13課

レポート・論文執筆の基礎1

ケーススタディ

　ナカマ先生の「現代文化論」の授業で、著作権法改正についてのレポートが出ました。ススムさんは、以下のようなレポートを書き、念のため提出前に大学院生の先輩に読んでもらうことにしました。

著作権法改正について

文学部△△学科　町中ススム

　著作権法について知っているだろうか。音楽や小説などの文化の発展に必要な法律。その著作権法が、2012年ごろの国会で改正されたらしい。内容は、ダウンロードの違法化だそうだ。YouTubeとかのインターネットに違法にアップロードされた動画とか音楽とかは、違法とわかっていながらダウンロードした場合、罰則が科せられるらしい。法律の条文には「二年以下の懲役若しくは二百万円以下の罰金に処し、又はこれを併科する」（著作権法 第119条3）と書いてあった。

—中略—

　この罰則規定については賛否両論がある。どちらかというと反対意見のほうが多い。しかし、それよりも僕が問題だと思うのは、改正のしかたです。異法ダウンロードの法案は、自民・公明両党の議員が国会が終わるぎりぎりになって提案したことは、国民をバカにしているなぁと思う。

—後略—

　読み終わった先輩は「内容はともかく、日本語がめちゃくちゃだね」といいました。ススムさんは先輩に添削してもらうことにしました。

考えてみよう

①ススムさんのレポートで、読みにくいと思うところ、文章がおかしいと思うところを指摘しましょう。

この課のねらい
◎ レポートや論文とはどのようなものなのかについて学ぶ。 ◎ レポートや論文のスタイルについて学ぶ。

　これまで学習してきたさまざまなスキルを総動員しなければならないレポートや論文は、大学で出される課題のなかでも特に重要なものです。なかでも卒業論文は、大学4年間の学びの集大成といえるものになるでしょう。一般社会においても、レポートや論文を書くスキルは重要だと考えられています。

　第10課で学んだように、レポートや論文などを含めた研究発表は、わかりやすく説得力のあるものでなければなりません。ススムさんのレポートは、その一番の基本となる部分が不十分だったようです。

　レポート・論文の書き方だけで1冊の本になるくらいですから、この課と次の課では基礎的なことにしぼって解説します。

レポート・論文についての基礎知識

レポートと卒業論文の違い

　本書を使って大学での学びについて学んできた皆さんは、すでにレポートや論文がどのようなものであるのかを理解していることと思います。第8課「リーディング入門」で学んだ説明的テキストのことです。

　大学の授業や期末試験では、いくつもレポート課題が出ます。また、学部・学科によりけりですが、多くの大学で卒業論文が課せられています。

　レポートや卒業論文は、いずれも第10課で学んだ研究発表の方法の1つで、基本的には同じものですが、いくつかの点で違いがあります。1つは文

字数です。レポートは多くても4,000字くらいでしょうが、卒業論文の場合ですと（大学によりますが）2～4万字程度の分量が要求されます。きちんとした卒業論文を書くためには、レポートとは比較にならないくらいの時間と労力が必要となります。

また、レポートの場合、教員からあらかじめテーマや参考資料が示されることが多く、そのなかで問題発見（☞第9課）して書く、という流れになります（調べたことをまとめたり、読んだ本を要約したりするだけの、問題発見しなくてもよい課題もレポートと呼ばれることがあります）。それに対して卒業論文は、指導教員と相談しながらテーマを自分で探し、先行研究を集めて問題発見しなければなりません。

卒業論文を執筆するためには、本書で学んできたさまざまなスキル（目標設定・スケジュール管理・情報収集・問題発見）と授業で得た知識や考え方をフル活用しなければなりません。その意味で**大学での学びの総決算**ともいえるでしょう。

スケジュールを立てる

レポートの課題はさまざまありますが、「～について論じなさい」というようなテーマと、分量・提出しめきり日などが提示されることが多いでしょう（卒業論文の場合は、先ほど述べたように、自分でテーマを設定します）。テーマが提示されたら、**提出日までの日数を逆算してスケジュールを立てます。**

レポート・論文の提出までの流れは、おおよそ右図のようになります。実際には、執筆している途中で新しい問題を発見したり、リーディングしているなかで参考文献を見つけて再度情報収集したり、という具合に、行ったり来たりしながら進んでいきます（予想外の新しい問題が発見されるのは、情報収集やリーディングがうまくいっている証拠です）。

全体が一度書けたら、必ず見なおし・推敲をします。書いているときは意味がとおった普通の文章のように思えても、他人に読んでもらったり、時間をおいて自分で読みなおしてみたりすると、うまく書けていない部分が見つかるものです。その意味で、大学院生の先輩に読んでもらったケーススタディのススムさんの行動は良かったといえるでしょう。

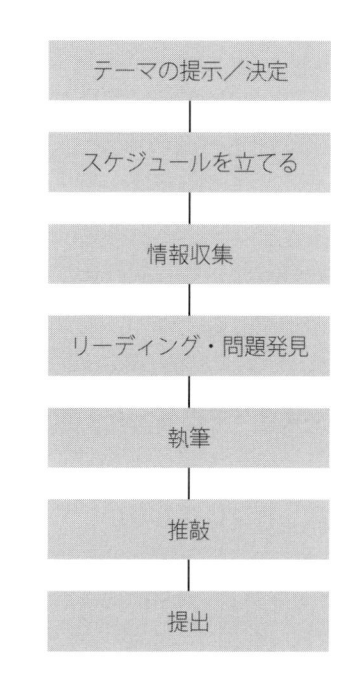

よく「予定は未定」などといわれますが、スケジュールは往々にして遅れていくものです。余裕をもったスケジュールを組むようにしましょう。

テーマの提示／決定
↓
スケジュールを立てる
↓
情報収集
↓
リーディング・問題発見
↓
執筆
↓
推敲
↓
提出

レポート・論文はスタイルである

まずは真似することから

　第10課で学んだように、研究発表には形式（スタイル）があります。レポートや論文にもスタイルがあり、そのスタイルにしたがって書くことが求められます。

　逆に、レポート・論文のスタイルを身につけてしまうと、意外と楽に書くことができるようになります。皆さんが大学に入って読むようになった論文や研究書などは、堅苦しく難しいことが書かれていたでしょうから、大学で書かなければならないレポートや論文の書き方も難しい、と思うかもしれません。しかし、先行研究の収集（☞第5・6・7課）や問題発見（☞第9課）がうまくできていれば、レポートや論文を書くのはむしろ楽です。**決まったスタイルにしたがって集めた論文などから引用すると、自分で文章を考える部分は意外と少なくなります。**

　レポートや論文のスタイルを学ぶ最良の方法は、ほかの人が書いたたくさんのレポートや論文を読み、それを真似することです。リーディングの際に、どのようなスタイルになっているかを意識しながら読むと、レポートなどを書くときに参考になるでしょう。

文章作法

　レポートや論文には、書き方の作法があります。名文である必要はありませんが、慣習やルールにのっとっていなかったり、意味がとりにくかったりすると、悪文であるとみなされて、内容にかかわらず評価が低くなるでしょう。以下に挙げる作法は、どの学問分野でも確実に通じるとまではいえませんが、比較的広く共有されているものです。

- **文末は「である・だ」調（常体）で統一する**：レポートや論文で「です・ます」調（敬体）は基本的に使いません。常体と敬体の混在は、さらによくありません（引用文はのぞく）。
- **話し言葉は使わない**：「〜だなぁ」のような語尾、「だって」「でも」のような接続詞は使ってはいけません。方言ではなく、標準語で書きます。また、自分のことを指す場合には、「僕は」「自分は」などではなく、「筆者は」「私は」（男性・女性関係なく）を使いましょう。

　また、レポート・論文に限ったことではありませんが、よくある悪文として次のようなものが挙げられます。

- **一文が長すぎる**：内容にもよりますが、一文の長さは、長くても40字程度にしたほうが読みやすいといわれています。それより長い文を書いてしまった場合には、2つの文

に分割できないか、推敲してみましょう。
- **主語と述語が一致しない**：一文が長すぎたり複数の文をつなげたりすると、主語と述語が一致しなくなります。注意しましょう。
- **体言止め**：文が体言（名詞など）で終わる体言止めは、字数の制限がある新聞の見出しや雑誌記事などでよく使われますが、中途半端な印象を与えます。明確さが求められるレポートや論文では使わないようにしましょう。
- **同じ表現が続く**：「しかし…、しかし…」のように同じ接続詞が連続したり、「…であろう。…であろう」という具合に同じ文末表現が続いたりすることは、好ましくありません。

そのほか、レポート・論文に限ったことではありませんが、執筆にあたり、以下のような点には注意が必要です。

- **誤字脱字はできる限りなくす**：漢字の変換ミスに注意しましょう。
- **漢字表記・カタカナ表記は統一する**：「〜する時」と「〜するとき」、「〜等」と「〜など」、「コンピューター」と「コンピュータ」などのように、複数の書き方ができる場合には、なるべく統一しましょう（これも引用はのぞく）。
- **句読点・カッコの使い方は適切に**：句読点が適切かどうかをチェックするために、音読することをおすすめします。また、第10課で説明した参考文献のタイトルを示すためのかぎカッコをはじめ、カッコの形式もまちがえないようにしましょう。文末の「！」「？」「…」（例：「そうともいえるが…。」）は使わないほうがよいでしょう。

ワーク

① 次の文章を書きなおしてみましょう。
　a. 今回の著作権法改正は、権利者団体や実演者団体との協議を行っている。
　b. 京都には年間にたくさんのお祭りが行われているが、その多くは近代になってできたものである一方、何百年もの長い歴史にわたって続けられてきたものもあり、その起源はさまざまである。

② 105ページのススムさんのレポートを書きなおしてみましょう。

発展

ワープロを使いこなそう

ワープロのスキルの重要性

　現代は小学校でパソコンの授業がある時代ですから、大学で課されるレポートなどを書く場合にも、ほとんどの人が Word などのワープロを使うのではないかと思います。

　ワープロを使えばきれいに印刷できますが、ワープロは清書のための道具ではありません。**ワープロは本来、レポートや論文などのような説明的なテキストを効率的に書くためのソフトウェア**であり、そのための機能がたくさん搭載されています。しかし、学生の皆さんは（そして残念ながら社会人も）、大半の人がそのようなワープロの機能を十分に使いこなしていないようです。

　かつては「読み・書き・そろばん」が基礎教育として重視されていましたが、現代では後の2つが「ワープロ・表計算」に置き換わったといわれています。ワープロを使いこなすことは、大学での学びのみならず社会において活躍するうえでも必修のスキルなのです。

書式を統一しよう

　レポートや論文の本文は、以下に挙げるようなさまざまなパーツで構成されています（これ以外のパーツについては 118 ページを参照）。

- 見出し（章・節・項）
- 本文
- 引用
- 箇条書き

　108 ページで述べたように、レポートや論文にはスタイルがあります。スタイルとは、文章表現や「　」などの記号の使い方だけではなく、パーツの書式についても当てはまります。つまり、同じパーツ（例：引用文）であれば同じ書式（例：段落を3字下げる）で書かれる、ということです。逆にいえば、書式が違ってしまうと、同じパーツだとみなされない、ということになります。

　書式は読みやすさを第一に考えて設定しましょう。小さな文字でびっしりと書く人もいますが、文字の大きさを少し大きめにして行間も余裕を持たせたほうが読みやすいでしょう。次ページのサンプルのようなシンプルな書式を参考にしてください。凝った装飾は必要ありません。

> # 違法ダウンロードの刑事罰化について
>
> 文学部△△学科□町中ススム
>
> **❶** 1. はじめに
>
> **❷** 2012年6月の国会で、著作権法が改正された。改正点は次の5点である。
>
> **❸**
> 1. いわゆる「写り込み」(付随対象著作物の利用)等に係る規定の整備
> 2. 国立国会図書館による図書館資料の自動公衆送信等に係る規定の整備
> 3. 公文書等の管理に関する法律等に基づく利用に係る規定の整備
> 4. 著作権等の技術的保護手段に係る規定の整備
> 5. 違法ダウンロードの刑事罰化に係る規定の整備
>
> このうち、特に注目されたのは、最後の「違法ダウンロードの刑事罰化」である。これは、YouTube などに違法にアップロードされた動画や音楽を、違法とわかっていながらダウンロードした場合、罰則が科せられる、というものである。罰則の内容は、
>
> **❹** 　二年以下の懲役若しくは二百万円以下の罰金に処し、又はこれを併科する。(著作権法 第119条3)
>
> となっており、――後略――

- 章見出し (18ポイント・ゴシック体・連番・上下1行空け) ❶
- 本文 (12ポイント・明朝体・行間18ポイント・段落最初の行を1字下げ) ❷
- 箇条書き (本文と同じ文字書式・連番・段落全体を1字下げ) ❸
- 引用文 (本文と同じ文字書式・段落全体を3字下げ・最初の行は字下げしない) ❹

　短いレポートであればともかく長いレポートや卒業論文を書く場合、上のような書式をパーツごとに手作業で統一するのはなかなかめんどうです。実際、最初と最後で書式が不統一になっているレポートや論文をよく見かけます。Wordをはじめとするワープロソフトには、各パーツの書式を統一して管理するための**スタイル機能**が備わっています。前のページで「ワープロは本来、レポートや論文などのような説明的なテキストを効率的に書くためのソフトウェア」であるといったのは、このことです。

　Wordのスタイル機能を用いた文書作成の方法については、巻末のマニュアル (☞147ページ) を参照してください。

ワーク

①以下のレポートの書式の問題点を指摘しましょう。書式以外にも問題点があれば指摘しましょう。

> 日本語の書き言葉は、明治時代になって大きく変わったといわれている。たとえば『国史大辞典』の「言文一致」には、
>
> > 文章を話しことばに近づけ、話しことばを主体として、近代日本人の思想や感情を自由的確に表現するのにふさわしい、近代口語体形成のための主張や運動で、またその文体（口語体の文章）をもいう。ルネッサンス以後にイタリア・イギリス・ドイツ・ロシアなどのヨーロッパ諸国に相ついで起った、言文一致による近代文体革命に匹敵し、日本の近代文化および近代文学の発達にとって不可欠のきわめて重要な文化運動であった。
>
> と書かれている。ほかの辞典・辞書類も、概ね同じような内容である。しかし、鈴木貞美氏は、このような従来の見解を次の様に批判している。
>
> > ところが、民衆の口語文体は、すでに徳川時代に広まっていた。それゆえ、明治期に問題だったのは、「漢文」読み下し体、和文体、そして、それぞれに上品、下品が混在する徳川時代の口語体をふくむ多様な文体のなかから、いかに標準的な国民の文体をつくりだすか、ということだった。
>
> （『日本の文化ナショナリズム』平凡社新書、2005 年、p. 103）
>
> 国史大辞典が「革命」と述べているように、従来の説は江戸時代以前と明治時代以後とのあいだに断絶があったとする考え方であった。それに対して鈴木氏は、両者の間に連続性がある、と考えているのである。

第14課

レポート・論文執筆の基礎2

ケーススタディ

　ミチコさんは「現代社会論」の期末レポートで、以下のようなレポートを書き、提出しました。字数制限もなく関心のあるテーマだったので、時間をかけてとりくみ、たくさんの資料を集めて引用することができました。

「若者の活字離れ」について

文学部△△学科　山村ミチコ

　このレポートは、近年議論になっている「若者の活字離れ」をめぐって、先行研究を比較し、検討した。

　A氏は、次のように述べている。「　…　」（『若者論』、○×社、2012年、52ページ）

　B氏は、次のように述べている。「　…　」（「若者の活字離れをめぐる昨今の動向」、『図書研究』21号、2011年12月、113ページ）A氏の説＝「若者の活字離れ」説は捏造

　　　　　　―以下、Z氏の説まで中略―

　以上が、私が調べた、「若者の活字離れ」に関する先行研究の引用である。では、ここから、先行研究の比較をしていこう。

　まずA氏とO氏の説は、とてもよく似ており、「若者の活字離れ」はマスコミの捏造だと述べている。それに対して、B氏とF氏は、統計を挙げて反論している。―後略―

　しばらくしてナカマ先生にばったり出会ったので、自分のレポートについて質問してみました。すると、「とてもよく調べたね。あんなに調べてきた人はいなかったよ。でもレポートの構成がよくなかったねぇ」といわれてしまいました。

考えてみよう

①ナカマ先生がいう「レポートの構成がよくなかった」とは、どういうことでしょうか。考えてみましょう。

②ミチコさんのレポートは、どのように直せば読みやすくなるでしょうか。考えてみましょう。

この課のねらい

◎ レポート・論文の組み立て方について学ぶ。

◎ レポート全体のスタイルについて学ぶ。

　問題発見で得られた問題点を読者に伝わる文章としてまとめたものが、レポートや論文になります。ケーススタディのミチコさんは、情報収集と批判的なリーディングはできていました。しかし、それをレポートとしてまとめる方法を理解していなかったために、読みにくいレポートになってしまったようです。

　前の課でも学んだように、レポートや論文などの説明的なテキストには決まった形式（スタイル）があります。その形式を身につけてしまえば、レポートなどの執筆はそれほど難しいことではありません。本課では、調べた結果をレポート・論文にまとめていく方法について学びます。

レポート・論文を組み立てる

◎ 小さな主張からアウトラインへ

　レポート・論文を組み立てるときには、第8課で学んだ要約の作成方法と反対のことをしていきます。すなわち、第9課で学んだ批判的なリーディングによって得られた問題点を組み合わせて小さな主張を作り、小さな主張を組み合わせることでさらに大きな主張＝レポート・論文へと成長させていく、というのが基本です（☞77ページ）。

　小さな主張を、一連の話としてつながるように並べたものを**アウトライン**といいます。本の目次などとほとんど同じものですが、より詳細で具体的なものになります。このアウトラインを文章にしたものがレポートや論文なのです。

◎ 三段構成法

　文章の組み立て方として、「起承転結」や「序破急」という言葉を聞いたことがあると思いますが、これらはレポートや論文などには使えませ

ん。レポートや論文でよく用いられるのは**三段構成法**で、右表のような3つの部分からなる構成のしかたです。

序論	動機・目的・意義 主要な論点
本論	先行研究の評価 問題の解明 論拠の提示 予想される反論への対処
結論	論旨の要約 予想される反論への対処 残された問題点・課題

　小さな主張を組み合わせて作るアウトラインは、このなかの本論に相当します。レポート・論文全体の問題意識と主張は、本論のアウトラインをまとめていくことで明確になっていきます。なぜこのようなレポート・論文を書くことにしたのか、その問題意識について問いかけて論点を明らかにするのが序論です。つまり、**序論は本論のアウトラインができあがったあとにかたまるものです**。文章全体の主張は本論・結論で示すのが一般的ですが、（プレゼンテーションと同様に）序論に概要を書いておくことで読みやすくなる場合もあります（☞155ページ）。

　結論はレポート・論文全体をしめくくる部分で、序論の問いかけへの解答＝文章全体の主張を、本論を要約することで示します。そのうえで、本論でとりあげることのできなかった問題点などがあれば、今後の課題として書いておきます。

◎アウトラインを文章化する

　アウトラインを文章化したものがレポートや論文になります。前の課で学んだ作法や書式に気をつけて、文章化していきましょう。1つの段落が、概ね1つの小さな主張に対応します。1つの段落では、1つのことをいう、というのが説明的なテキストの基本です。

　83ページで学んだように、自分の主張したいことは、他人に語らせる＝論拠を示すようにしましょう。信頼のおける論拠を示しながら主張することを**論証**といいます。たとえば、「大学は全面禁煙にすべきだ」と主張したい場合、「私がタバコが嫌いだから」というのでは論拠になりません。「タバコが健康を害する」などの客観的なデータ・先行研究などを引用することで、「大学は全面禁煙にすべきだ」という主張を論証することができるのです。

　もっとも、「タバコは必ずしも健康を害さない」というデータや、「大学だけを禁煙にしても効果はない」というデータが見つかって、上の論証がくつがえされるかもしれません（反証といいます）。反証の可能性を予想しながら、自分の主張を組み立てていきましょう。

　論拠として引用するデータや先行研究は、信頼のおけるものである必要があります。二次情報から孫引きするのではなく、できるかぎり一次情報から引用しましょう（☞43ページ）。

　レポート・論文を完成させるには、序論・本論・結論以外にも、タイトル・署名（所属・番号・氏名）・注（脚注または文末脚注）・文献リストなどが必要です。長文のレポート・論文の場合は、目次を追加したり、タイトル・署名・目次・文末脚注・文献リストなどのページを分けたりする場合もあります（これらの書式については発展を参照）。

問題点を小さな主張にまとめる

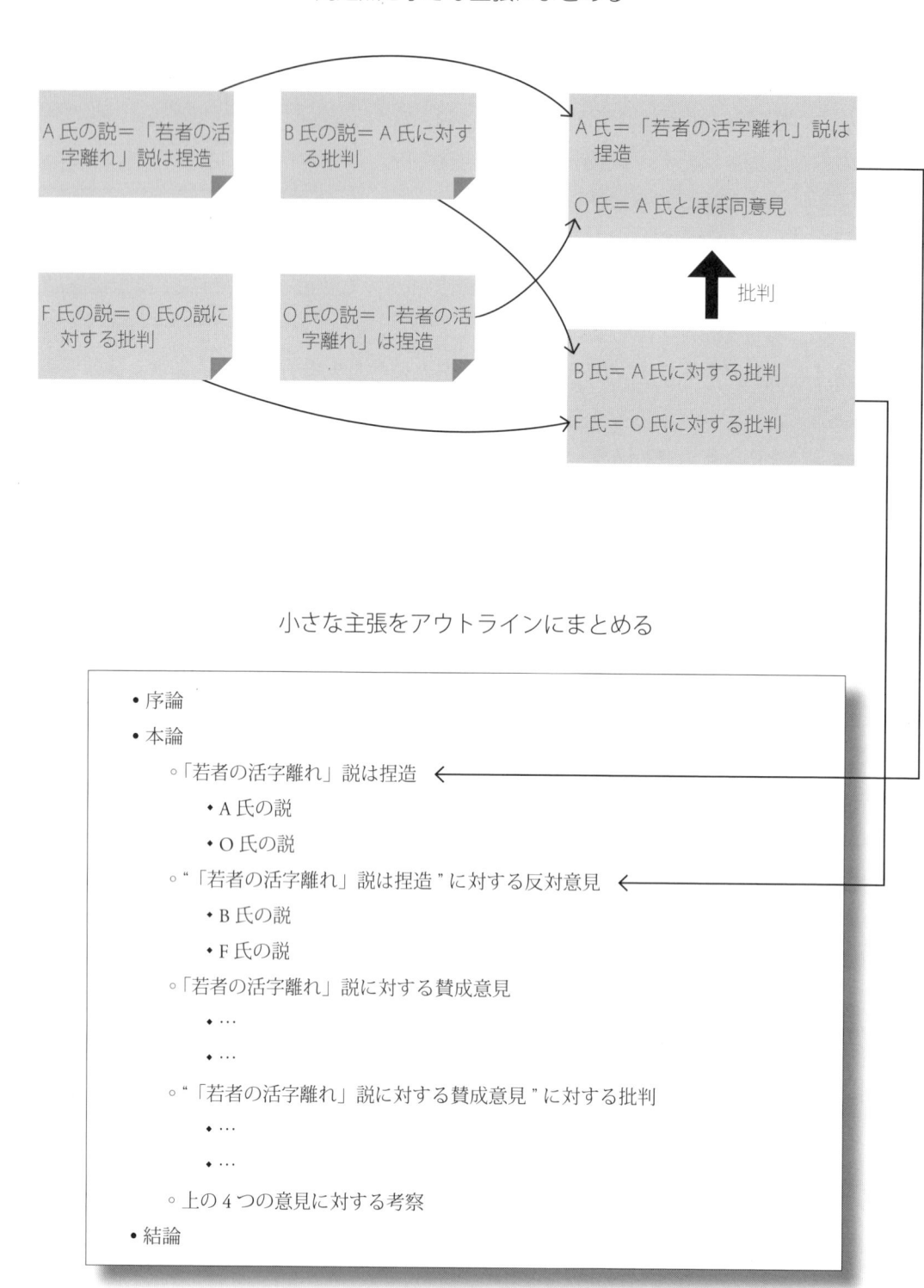

- A氏の説＝「若者の活字離れ」説は捏造
- B氏の説＝A氏に対する批判
- F氏の説＝O氏の説に対する批判
- O氏の説＝「若者の活字離れ」は捏造

→

- A氏＝「若者の活字離れ」説は捏造
- O氏＝A氏とほぼ同意見

↑ 批判

- B氏＝A氏に対する批判
- F氏＝O氏に対する批判

小さな主張をアウトラインにまとめる

- 序論
- 本論
  - 「若者の活字離れ」説は捏造
    - A氏の説
    - O氏の説
  - "「若者の活字離れ」説は捏造" に対する反対意見
    - B氏の説
    - F氏の説
  - 「若者の活字離れ」説に対する賛成意見
    - …
    - …
  - "「若者の活字離れ」説に対する賛成意見" に対する批判
    - …
    - …
  - 上の4つの意見に対する考察
- 結論

↓

文章化する

「若者の活字離れ」について

文学部△△学科　山村ミチコ

1. はじめに

このレポートでは、近年議論になっている「若者の活字離れ」について、先行研究を比較し、検討した。

2.「若者の活字離れ」説に対する批判

マスコミがいう「若者の活字離れ」は、実は捏造であり、根拠がないと主張しているのは、A氏とO氏である。A氏は『若者論』（○×社、2012年、52ページ）のなかで「　…　」と述べ……。またO氏は「　…　」と述べており、A氏とほぼ同様の見解である。

それに対してB氏とF氏は、A氏とO氏に対する批判を述べている。B氏は上のA氏の説を引用したうえで「統計情報を無視している」（「若者の活字離れをめぐる昨今の動向」、『図書研究』21号、2011年12月、113ページ）と述べる。

このようにB氏とF氏は述べるが、私は以下のような点を疑問に思った。たとえば―中略―

3.「若者の活字離れ」説に対する賛成意見とその批判

―中略―

4. 賛成意見・反対意見の考察

最後に、これまで紹介してきた対立する意見について、考察してみたい。―中略―

5. まとめ

―後略―

ワーク

①以下の文の（　）に、適切な語を記入しなさい。

a. 批判的なリーディングによって得られた問題点を組み合わせていって（　　　）を作り、それを一連の話としてつながるように並べることで（　　　）を作成する。

b. レポートを書くときは（　　　）・（　　　）・（　　　）からなる三段構成法を用いる。

c. レポートで、自分の意見を主張するには（　　　）が必要である。（　　　）では、信頼のおける妥当な（　　　）を示す必要がある。

発展

レポート全体のスタイル

◎本文以外のパーツ

　前の課では、見出しや引用文といったレポート・論文の本文を構成するパーツと、その書式について学びました。115ページでも述べたように、レポート・論文にはこれに加えてタイトル・署名（所属・番号・氏名）・注（脚注または文末脚注）・文献リストなどが必要です。これらの書式もやはり読みやすいように統一しなければなりません。大学所定の書式がある場合もありますし、教員から書式を指示される場合もありますので、確認してください。

　タイトル・署名については、右図のように表紙として独立したページにする場合もあります。卒業論文のような長文の場合、論文本体の前に目次をつけることもあります。また、序論・本論・結論などの章レベルのセクションについても、長文の場合、それぞれが新しいページから始まるようにしたほうが読みやすくなります。

　文献リストを作るかどうかは、参考文献のスタイルによって決まりますので、次項で説明します。

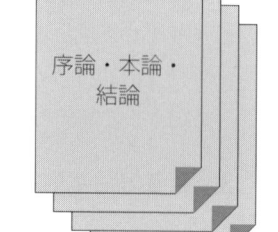

表紙
（タイトル・署名）

序論・本論・結論

文献リスト

◎参考文献の示し方と文献リスト

　参考文献の示し方については、第10課で代表的な2つのスタイルを学びました（☞86ページ）。これをレポートや論文中で示すときには、スタイルの違いによって書き方が変わってきます。

　スタイルAの場合、文末に文献リストを掲げ、本文中では以下の下線部のように参考文献を示します。

　二階堂善弘氏によれば「……」とのことである（二階堂善弘 1998, p. 14）。山下一夫 2010 も同様に「……」と述べている。

　参考文献
　　二階堂善弘（1998）　『封神演義の世界—中国の戦う神々』（大修館書店）
　　山下　一夫（2010）　「東北皮影戯研究のために—凌源および哈爾浜」（『中国都市芸能研究』第9輯，好文出版）

文献リストは、著者名順（日本人の場合は五十音順）で並べます。同じ著者に複数の文献がある場合には文献の発表年月日順で並べますが、古いもの ⇨ 新しいものの順に並べるやり方（昇順）と、新しいもの ⇨ 古いものの順に並べるやり方（降順）の両方がありますので、担当教員に確認してください。同じ著者が同じ年に複数の本や論文を発表している場合は、下の例のように年数の末尾に a, b などを補います。

> 　　二階堂善弘　（2008a）「那覇久米村の天尊廟について」（『アジア文化交流研究』3）
> 　　　　　　　（2008b）「民間信仰における神形象の変化について　華光大帝と招宝七郎を例に」（『東アジア文化交渉研究』1）
> 　　　　　　　（2012）「妙見信仰と真武信仰における文化交渉」（『東アジア文化交渉研究』5）

　スタイル B の場合、以下のように脚注もしくは文末脚注を使って参考文献を示します（スタイル A でも脚注を用いることはできます）。同じ文献が繰り返し引用される場合には、文献の情報をすべて書くのは最初の 1 回だけにし、2 回目以降は下の例の「前掲論文」のように省略した書き方をします。

> 　二階堂善弘氏によれば「……」[1]とのことである。加えて二階堂氏は、「……」[2]とも述べている。
> ────────────
> 1) 二階堂善弘「民間信仰における神形象の変化について　華光大帝と招宝七郎を例に」（『東アジア文化交渉研究』1、2008 年）、180 ページ。
> 2) 二階堂善弘前掲注 1) 論文、182 ページ。

　Word の脚注機能については、巻末のマニュアル（☞ 154 ページ）を参照してください。

◎さらなるスキルアップのために

　以下のマニュアル本は、Word を使った効率的な文書作成に役立つものです。巻末マニュアルとあわせて、参考にしてください。

- 漢字文献情報処理研究会編『電脳中国学入門』（好文出版、2012 年）
  「中国学」というタイトルですが、Word のスタイル機能などが具体的に説明してあり、ほかの分野でも十分に役立つと思います。

- 西上原裕明『Word で作る長文ドキュメント　論文・仕様書・マニュアル作成をもっと効率的に』（技術評論社、2011 年）

　　卒業論文の執筆までにはぜひ目を通しておきたい本の１つです。

ワーク

①以下の文を読み、内容が正しいと思うものには○を、誤りだと思うものには×を、（　）内に記入しなさい。

　a. レポートの作成は内容が最優先であって、見た目はそれほど重要ではない。

　　　　　　　　　　　　　　　　　　　　　　　　　　　　　　　　（　　　）

　b. 参考文献を示すときには、必ず脚注を使う。　　　　　　　　　（　　　）

②以下の文献リストの問題点を指摘してみましょう。

田中　太郎　（2009）『ジェンダー論から見た市川房枝』（「好文大学紀要」） 　　　　　　　（2009）「女性史資料とデジタルアーカイブ」（『漢字文献情報処理紀要』2009 年 3 月 3 日） 　　　　　　　（2007）「戦前婦人参政権運動とキリスト教」（『選挙年報』2007 年 3 月 3 日） 　田中太郎　　（2012）「第二次大戦中の女性参政権活動」（『日本史研究』23 号） 　佐藤　政子　（2010）『東南アジアにおける民主化運動』（アジア出版社）『アジアの女性政治家』（2008 年、政経出版）

③ 宿題 本書で学んだスキルを使って、レポート課題にチャレンジしてみましょう。

第 V 部

まとめ

まとめ

　授業で学んだことは、定期的にふりかえらなくては定着しませんし、理解も深まりません。期末試験は、半年間あるいは1年間の学びをふりかえる絶好の機会です。これまでに学んできたことを活かして試験に望めば、自ずと良い点数をとれるでしょう。

　また、大学での学びが進むにつれて、以前とは違うことに興味を持ったり、新たにやりたいことが見つかったりするものです。それは、学びの結果として皆さんがどんどん成長・変化している証ですので、折に触れて前に立てた目標やスケジュールを見なおしてください。

　第Ⅴ部で学ぶ定期的なふりかえりや目標・スケジュールの見直しは、大学時代だけでなく一生使えるスキルです。

- これまでの学びのふりかえり……………………………☞第15課

第15課

これまでの学びのふりかえり

ケーススタディ

　今日はナカマ先生の授業「アジアの社会と情報」(☞第8課)の最終回です。半年間の授業で何を学んだかをふりかえるためのバズセッションが行われました。ススムさんとミチコさんは同じグループで話し合うことになりました。

ススム：この授業はすごくおもしろかった。中国のネット規制とかを、ネットでいろいろ調べちゃったよ。中国語で書かれていて、読めないページもあったけど。いままで興味がなかったけど、来年は中国語をとろうかなぁ。

ミチコ：私は中国語をとってるけど、ネットが苦手だから、先生がいってることでよくわからないところも多かった。ミニレポートの課題で出た本を読んで、先生がいってたことが少しわかった気がするけど。

ススム：あの本って何が書いてあったっけ？

ミチコ：さっきいってた中国のネット規制のこととか…。

ススム：ああ、そういえばそんなことが書いてあったっけ…もう一回読みなおそうかな…。

　二人の会話を聞いていたナカマ先生は満足そうでした。

考えてみよう

①ナカマ先生はどうして、二人の会話に満足したのでしょうか。考えてみましょう。

> ## この課のねらい
>
> ◎ ふりかえりの大切さを理解する。
>
> ◎「大学での学び」についてふりかえる。
>
> ◎ 目標やスケジュールを設定しなおす。

　この課を学んでいるころ、皆さんは半年間（あるいは1年間）の授業を終えつつあり、期末試験を目前にしているのではないかと思います。授業で学んだ内容を身につけるためには、日々の予習・復習に加えて一定期間ごとのふりかえりが大切です。定期試験はふりかえりの良い機会となりますが、大学生らしい学びを身につけるには自己評価も重要になってきます。

　大学での学びを通じて、皆さんの目標や学びたいことが変わってきているかもしれません。そうしたら、スケジュールを組みなおしてみましょう。

期末試験に向けて

◎ふりかえりの大切さ

　皆さんは半年間（あるいは1年間）、本書を使って「大学での学び方」について学んできました。また、この授業と並行してさまざまな科目についても学んできたと思います。

　皆さんは、大学での授業を「聞きっぱなし」にしていないでしょうか。教室で教員の話を聞きノートをとっているあいだは、わかったつもりになっているかもしれません。しかし、しばらくしてからノートを読みなおしてみると、曖昧な部分やよくわからない部分があることに気づくものです。

　逆に、しばらくしてからノートを読みなおすことによって、それまでわからなかったことがわかるようになったり、新たな問題意識を発見できたりすることがあります。前半の授業を聞いているときにはよくわからなかったことが、後半の授業を聞くことによって、あるいはほかの授業を聞くことによってようやくわかってくる、というのはよくあることです。

　学んだことを定着させ次の学びへとつなげていくためには、ふりかえりが大切です。そして期末試験は、ふりかえりの絶好の機会です。授業で学んだことをふりかえるために、授業中にとったノートをまとめなおしてもよいでしょう（☞32ページ）。教員が授業中に紹介した参考文献を読んで、文献調査ノートを作成してもよいでしょう（☞56・59ページ）。ススムさんとミチコさんのようにクラスメイトでグループディスカッションをしたり（☞13・76ペー

ジ)、いっしょに試験勉強してもよいでしょう。各課で学んできたように、授業直後の復習や文献調査直後の調査ノートの作成なども大切ですが、しばらく時間をおいてからのふりかえりも同じくらい重要です。

◎期末試験に向けての準備

　試験期間の1ヶ月くらい前に、期末試験の日程や実施方法、レポート課題などが発表される大学が多いのではないかと思います。大学の試験には以下のようなさまざまなやり方があります。

- 試験方法…教室での筆記試験・レポート提出・その他(実技試験など)
- 筆記試験の実施方法…持ち込み許可物の有無など
- 筆記試験のスタイル…穴埋め式・選択肢式・論述式など

　特に初めての定期試験を迎える1年生の皆さんのなかには、とまどっている人もいるかもしれません。ですが期末試験もまた授業の一部です。期末試験の実施方法や試験問題・レポート課題などには、授業をつうじて教員が伝えたいと思っていること、学生に学んでもらいたいと思っていることが反映しています。知識をたくさん身につけてもらいたいと思っている授業と、主体的に考える力を養ってほしいと思っている授業では、試験のやり方に違いがあるのは当然でしょう。

　たとえば筆記試験のなかには、教科書や辞書などの持ち込みを認めているものがあります。だからといって、「教科書持ち込み可の試験だから楽勝」だと思うのは早計です(もちろん、さまざまな事情で試験を「楽勝」にしている教員がいることは否定しませんが)。そのような試験を出す教員は、教科書や辞書がなければ解けないような難しい問題を出すつもりか、もしくは教科書に書いていないことを論じさせようと思っている(第1・4課のケーススタディを思い出してください)のではないかと考えるべきです。「試験会場で久しぶりに教科書・ノートを開いた」というような態度では、そのような試験を乗り切ることはできないでしょう。

　また、持ち込み不可の筆記試験では、主に暗記力が問われることが多いようです。暗記力を問う試験は、暗記すべきキーワードがその後の学習(授業の履修)にとって必要であることが少なくありません。

　いずれにせよ、**授業の延長線上で試験の意図を理解し、十分な準備をして期末試験に臨みましょう。**

> **コラム**
>
> ### 出席点
>
> 　期末試験が終わると、やがて成績が出ます。成績表を見た学生は悲喜こもごも、なかには全部出席したのに成績が悪かった、あるいは単位を落とした、と恨み節をいう人もいます。
> 　シラバスに「出席点30％」などと書いてある科目もありますから、出席をすれば何らかの点数がもらえて当たり前だとついつい考えてしまいがちです。しかし考えてみてください、出席するだけで寝ている学生も（残念ながら）いるわけですから、出席だけで単位を出すのはちょっと、と考える教員のほうが多いのは当然ではないでしょうか。
> 　近年、文部科学省や厚生労働省は「学生が授業に出席するのは当たり前なのだから、出席で点数をつけないように」と大学を指導しています。シラバスから「出席点」の表記が消える日は、そう遠いことではないのかもしれません。

「大学での学び」は身についたか

◎自己評価してみよう

　本書で学んだことについてもふりかえってみましょう。第1課で学んだように、大学での学びは次の3つからなっています。

1. 基礎学力・教養
2. 学部・学科で学ぶ専門知識
3. 未解決の問題を発見し、自力で解決する能力

　本書で主に学んできたのは3です。1と2は期末試験で評価しやすい内容ですが、3は論述試験・レポート・プレゼンテーション・卒業論文などで部分的に評価することはできるものの、知識を問うペーパーテストと比べると客観的な評価が困難です。たとえば、授業で外国の文化について学んだ学生が、ある国の社会問題について問題意識を持ち、実際にその国を見たいと思って海外旅行したとします。それが授業の成績に反映されることはありませんし、まして単位にもなりませんが、たいへん大学生らしい活動であり、その旅行を通じて学生は実際に多くのことを学ぶでしょう。そこで学んだことが、大学で新しい外国語や知識を学ぶためのモチベーションになるかもしれません。ケーススタディのススムさんが中国語を学ぼうと思ったのも、ネットを調べるという主体的な学びを行ったからでした。

　皆さんがこれまでの大学での学習を通じて、問題意識を持つことができるようになったか、主体的に学ぶことができるようになったかを評価できるのは、皆さん自身です。**定期的に自己評価を行って、主体的な学びが身についているか、確認しましょう。**

◎長期休暇をどう過ごすか

ところで、期末試験が終われば夏期休暇・春期休暇になります。大学での長期休暇は合計すると3ヶ月ほどあり、高校までとは比較にならないほど長期間となっています。

この長期休暇をどのように過ごすかで、皆さんがこれまで学んできた「大学での学び」のスキルの真価が問われます。そのために長期休暇があるといっても過言ではありません。**みずから目標を立てて主体的に行動しなければ、何もしないままあっという間に休暇は終わってしまうでしょう。**皆さんに与えられた自由な時間を有意義に使い、学生らしくいろいろなことにとりくんでみましょう。

ワーク

① 以下の文を読み、内容が正しいと思うものには○を、誤りだと思うものには×を、（　）内に記入しなさい。

a. 授業で学んだことは、授業直後に復習することで十分に身につけることができる。
（　　）

b. 期末試験のやり方は授業ごとにさまざまであるが、それは学生に学んでもらいたいと思っていることが授業ごとに異なるからである。　　　　　　　　（　　）

c. 長期休暇では、授業期間の疲れを癒すことに専念すべきである。　　（　　）

② 巻末ワークシートを使って、「大学での学び」が身についたか自己評価してみましょう。

> 発展

目標とスケジュールを見なおす

学びによって人は変化する

　第1課で作成したスケジュールやTo Doリストが、現状とずれてきている人も多いのではないかと思います。スケジュールを立てることは意外と難しいことですので、最初から上手にスケジュールを立てられなくてもしかたありません。無理なスケジュールを組んで失敗しては元も子もありませんので、現状に合わせて実現可能なスケジュールにするための調整を行いましょう。

　また、**大学でのさまざまな学びや学生生活全般を通じて、知識が増え、問題意識が変わり、目標もまた変化する、というのは自然なことです**。まわりの人のいうことにふりまわされて目標をころころと変えたり、楽をするために目標を下方修正したりしていては成長につながりませんが、自分がもっと学びたい、活動したいと思うことができたのならば、それにあわせて目標やスケジュールを変更することは悪いことではありません。

　目標を変えると、それまでとりくんできたことがムダになる、と思う人もいるかもしれませんが、それは誤解です。「それまでとりくんできたこと」がなければ、今回の目標の変更はなかったのですから、決してムダではありません。

　大学4年間という限られた時間で何をしたいのか、何ができるのかを考えながら、目標やスケジュールについて見なおしましょう。

PDCAサイクル

　組織や個人の成長のために目標やスケジュールを見なおすことは、企業経営などでもたいへん重要だと考えられています。なかでもよく知られているのが**PDCAサイクル**と呼ばれる方法です。PDCAとは、以下の各項目の頭文字をとったものです。

- Plan …目標設定と、それを実現するための計画（スケジュールやTo Doリスト）の作成
- Do …計画の実行
- Check …実行結果の評価
- Act …評価に基づく改善

　Actの後のPlanでは、Checkで行った実行結果の

評価をもとに、最初に立てた計画の継続や修正、もしくは廃棄を行います。このように Plan ⇨ Do ⇨ Check ⇨ Act というサイクルを繰り返しながら、組織や個人の活動を改善していこう、というものです。

たとえば海外留学を目標にしている学生が、外国語の勉強と、留学のための資金をためるアルバイトについて、右図のように1週間のスケジュールを決めたとします（Plan）。そのスケジュールで1週間活動してみたら（Do）、スケジュールどおりにできたところ・できなかったところがありました（Check）。このままでは語学の勉強が不足すると思ったので、勉強とアルバイトの時間配分を変更して新しくスケジュールを組みなおしてみました（Plan）…という具合に、できるだけ良い結果になるように改善していくのです。

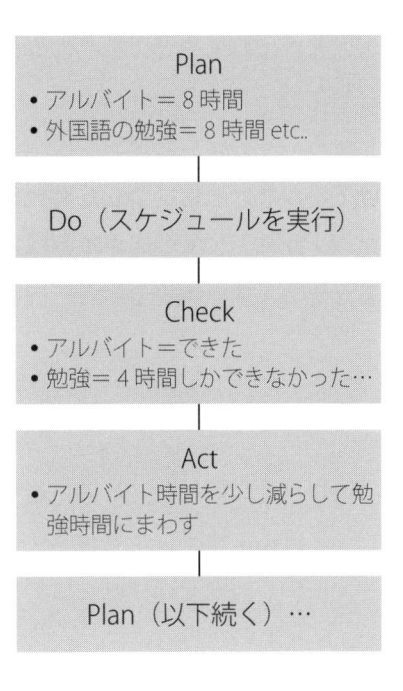

Plan
・アルバイト＝8時間 ・外国語の勉強＝8時間 etc..

Do（スケジュールを実行）

Check
・アルバイト＝できた ・勉強＝4時間しかできなかった…

Act
・アルバイト時間を少し減らして勉強時間にまわす

Plan（以下続く）…

上の例は1週間ですが、このサイクルは1日のなかでもできますし、半年・1年といった長いスパンで行うこともできます。いろいろと試行錯誤しながらスケジュールを組む習慣をつければ、大学生活だけでなく社会に出てからも役に立つことでしょう。

◎ICT スキルを身につけるために

これからますます情報化が進むことが予想される今日、大学での学びにおいても社会生活においても、インターネットをはじめとする ICT（Information and Communication Technology ＝情報通信技術）の知識とスキルは必須です。本書でもいくつかの課でパソコンやスマートフォンの活用方法について紹介してきました。とはいえ、具体的な操作方法については最低限の解説しかしていません。

その理由はいくつかありますが、最も重要なのは、**操作方法をおぼえることが ICT スキルを身につけることではない**という点にあります。たとえば、第13課で「ワープロは本来、レポートや論文などのような説明的なテキストを効率的に書くためのソフトウェア」だといいました。したがって Word の機能をフルに使いこなすためには、三段構成法など説明的なテキストを論理的に作成するスキルが必要になります。同じように、大学での研究や社会での実務で必要とされる ICT スキルを身につけるためには、もちろんある程度のパソコン操作のスキルは必要ですが、それ以上に研究や仕事がどういったものなのかを知ることが重要なのです。

もう1つの理由は、パソコンなどの操作スキルがすぐに時代遅れのものになってしまうという点です。ICT の世界はドッグ・イヤー（犬の成長が早いことから、変化が早いことのたとえ）

などと呼ばれるほど、製品の寿命が短いことで知られています。恐らく、皆さんが1年生のときに買ったスマートフォンは、卒業するころにはかなりの時代遅れになっていることでしょう。そのような世界では、最初に習ったことをベースに、**自分で新しいスキルを身につけていかなければいつしか時代に取り残されてしまいます。**

　以上から、ICTのスキル習得には、大学での主体的な学びと重なる部分が多いことがわかると思います。本書で学んだ内容も、皆さんのICTスキルの向上につながることでしょう。

ワーク

①以下の文の（　）に、適切な語を記入しなさい。

　a. PDCAサイクルとは（　　　）⇨（　　　）⇨（　　　）⇨（　　　）の4つの段階を繰り返しながら自分の活動を改善していく方法のことである。

　b. ICTの世界は、（　　　）と呼ばれるほど変化が早いので、みずからスキルを身につける心がまえが必要とされる。

②第1課で作成したスケジュールやTo Doリストが予定通り実行できているか、実行できていない場合にはなぜできないのか考えてみましょう。

③②の結果に基づいて、これからのスケジュールとTo Doリストを作りなおしてみましょう。

第VI部

巻末資料

巻末資料

　第Ⅵ部では本文では詳しく述べなかったソフトウェアやウェブサービスのマニュアルを載せていますが、これらは大学生が身につけておきたい基礎的な ICT スキルになります。コンピュータ教室での授業がない場合でも、自習しておくようにしましょう。各マニュアルの内容は、カッコのなかに記した課と関連しています。

- Evernote の使い方（☞第 4 課）
- CiNii の使い方（☞第 6・7 課）
- PowerPoint の基礎（☞第 11・12 課）
- レポート・論文執筆のための Word の基礎（☞第 13・14 課）
- Excel の基礎（☞第 10 〜 14 課）

　各マニュアルは、Windows 7・Office 2010 環境に基づいて記述してます。
　なお、Word の学習に使うサンプル文書やテンプレートは、担当教員に配布してもらうか、あるいは好文出版のウェブサイト、

　　　http://www.kohbun.co.jp/

から入手して下さい。
　また、本文中のワークで用いている小論文も掲載しています。

- 小論文：「シャルチエが提案する読書の未来」

Evernote の使い方

Evernote のインストール

◎Evernote とは

　Evernote（エバーノート）は紙のノートのように、いろいろな情報を記録しておくためのソフトウェアです。テキストや画像のほか、音声・動画・Word や PowerPoint のファイルなどもまとめて保存できます。保存した情報は、検索や並べ替え・タグによる分類などによって簡単に探し出せるように工夫されています。情報は、インターネット上の専用スペースにも保存されますので、ノートを作成したのとは違うパソコンやスマートフォン・タブレット端末などからも、同じように情報を閲覧・編集できます。情報を一カ所に集めておくことで紛失を防ぎ、情報を再利用しやすくしているのです。

◎ユーザ登録とインストール

　Evernote を利用するためには、ウェブサイト（http://evernote.com/）からソフトウェアをダウンロード・インストールしてからユーザー登録し、無料アカウントを取得します。

1	Evernote のホームページで［Evernote を無料で入手］❶をクリックする。
2	警告が表示されたら、［実行］❷をクリックする。セキュリティ警告が表示されたら、［はい］を選んで続行する。
3	インストールが始まる。［ソフトウェアライセンス条項に同意します］❸をチェックし、［インストール］ボタン❹をクリックする。最後に［完了］ボタン❺をクリックして終了する。

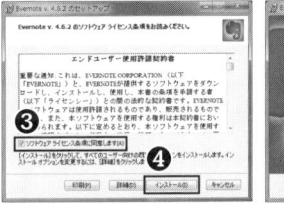

4　Evernoteを起動する。メールアドレスと、任意のユーザ名・パスワードを入力して❻［登録］ボタン❼をクリックする。複数の機器でEvernoteを使う場合は、ここで設定したメールアドレス（ユーザ名）・パスワードを使ってサインインする。

登録したアドレスに確認メールが届き、しばらくするとEvernoteが使えるようになります。

Evernoteを使う

画面構成

- ノートブックの一覧❶：通常はインストールしたときに作られるノートブックだけを使う。
- ノートの一覧❷
- ノートのタイトル❸
- 本文を入力するスペース❹
- タグ❺：ノートの分類やキーワード。
- タグ一覧❻
- URL❼：ウェブから引用した情報は、ここに引用元のURLを記入するとよい。

新しいノートを作る

それでは、新しいノートを作ってみましょう。

1　［新規ノート］ボタン❶をクリックする。ボタンが表示されていない場合は、右端の ❷をクリックする。

2　新規ノートが作成される。［クリックしてタイトルを設定…］❸をクリックして、タイトルを入力する。入力スペース❹にノートを入力する。文字の大きさや色の変更、太字・下線といった書式設定機能がツールバー❺に用意されているので、見出しを大きくする、箇条書きを使うなどしてノートを見やすくするとよい。［クリックしてタグを追加］❻をクリックして、ノートの分類・キーワードなどを入力する。タグは複数設定できる。作成したノートは、自動で保存される。

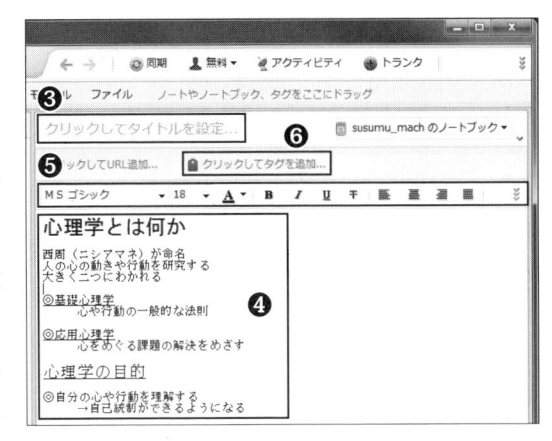

　Evernoteでは情報を「ノート」に記録・集積していきます。1つのノートには1つのテーマ（例：授業1回分のノート・1つの文献の情報・1冊の本の抜き書き）だけを記録し、複数のノートをタグで関連づける（例：科目名・担当教員名・文献の著者氏名・キーワード）と、必要なノートや情報を見つけやすくなります。

◎**画像やほかのファイルを貼りつける**

　Evernoteではノートに画像を貼りつけることができます。

1　貼りつけたい画像ファイルが保存されたフォルダを開き、画像ファイル❶をEvernoteのノート上にドラッグ＆ドロップする。

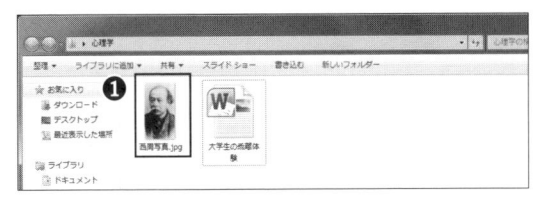

2　写真が貼りつけられる❷。

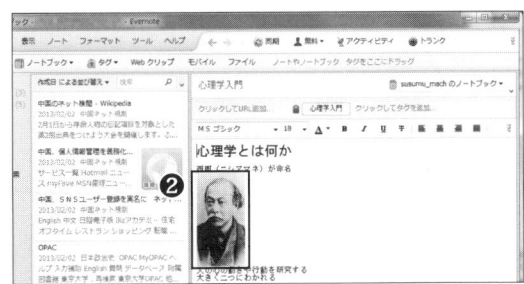

　ウェブページやワープロなど他の文書ファイルに貼りつけられている画像の場合は、元の画像を右クリックしてメニューから［コピー］を選び、Evernoteのノートの上で右クリックして［ペースト］を選ぶと簡単に貼りつけられます。また、教員が配布したハンドアウトを

スキャンして授業ノートに貼りつけておけば、後から参照しやすくなるでしょう。

　画像のほか、PDF、音声や動画、Word や PowerPoint のファイルなどを貼りつけることができます。画像・PDF 以外のファイルはアイコンで表示され、ダブルクリックで開くことができます。文献調査ノート（☞ 56 ページ）を Evernote で作る場合、文献に関する情報のノートに、CiNii Articles（☞ 58 ページ）などを通じてダウンロードした文献の PDF ファイルを貼りつけておけば、まとめて管理できて便利です。

◎ウェブページの情報を記録する

　レポートや論文を書くときに、ウェブページから収集した情報を使う機会が増えています。紙の資料と違って頻繁に改訂されるウェブページは「自分が見たのは、いつの、どんなページか」という情報を記録しておく必要があります（☞ 87 ページ）。Evernote のウェブクリッピング機能を使うことで、使いやすいウェブページのスクラップブックが簡単に作れます。

　まず、ウェブブラウザで閲覧しているページを Evernote に追加するための、Evernote Web クリッパーをインストールします。使っているウェブブラウザが Internet Explorer ならば、Evernote をインストールするときにいっしょにインストールされています。Chrome や Firefox を使っているなら、拡張機能をダウンロード・インストールしましょう。

1　ウェブブラウザで右クリックし、メニューから、［Evernote Web Clipper］❶ ⇨ ［このページをクリップ］❷ の順にクリック（Internet Explorer の場合は「Evernote 4 に追加」）。しばらくすると、クリップ完了のお知らせが表示される。

2　Evernote を起動し、［同期］ボタン❸をクリックする。クリップされたページが表示される。

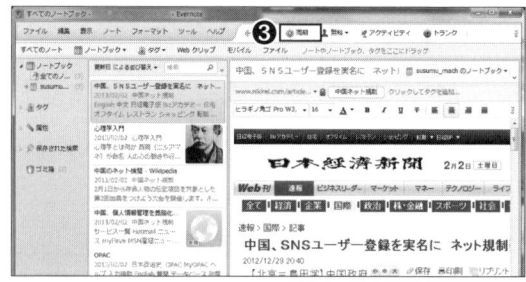

　なお、Internet Explorer 9・10 と最新版の Evernote の組み合わせでは、ページ全体のクリップができず URL だけが記録されます。ページ全体のクリップが必要な場合は、Chrome や Firefox などのブラウザを使いましょう。

CiNii の使い方

CiNii Books （http://ci.nii.ac.jp/books/）

CiNii（サイニィ）には、日本の大学図書館に所蔵されている本や雑誌を検索できる CiNii Books（ブックス）と、日本の学術雑誌に掲載された論文を検索できる CiNii Articles（アーティクルズ）の2つのサービスがあります。はじめに、CiNii Books の使い方から見ていきましょう。

1. 検索語を入力し❶、検索対象を［すべての資料］・［図書］・［雑誌］から選択❷、［検索］ボタン❸をクリックする。

2. 一覧表示画面が開く。必要な本のタイトル❹をクリックすると詳細表示画面が開く（☞手順3）。著者名❺をクリックするとその著者の著作一覧を表示する。検索結果が多い場合は、検索語や検索対象を調整して再検索する❻。

3. 本を所蔵する大学図書館の一覧❼で、［OPAC］ボタン❽をクリックすると各図書館の OPAC を検索できる。❾をクリックすると、国立国会図書館や全国の図書館などの蔵書を検索できる。

4. 雑誌の場合は、所蔵年次❿・所蔵巻号⓫を確認する。［継続中］⓬、あるいは所蔵巻号の後に「+」⓭とあれば、最新巻号を所蔵している。

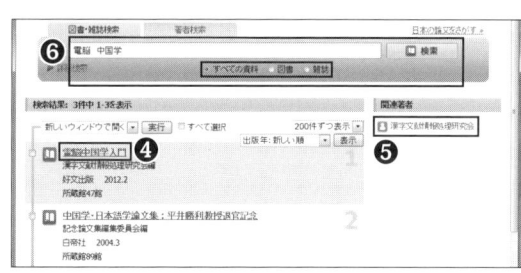

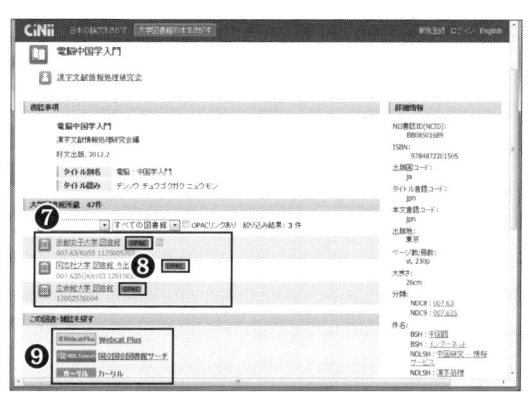

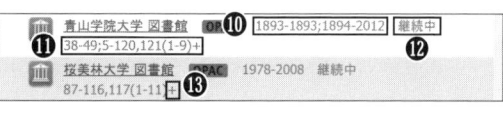

所蔵情報については、必ず各図書館の OPAC で詳細を確認するようにしましょう。

CiNii Articles （http://ci.nii.ac.jp/）

1　必要なキーワードを入力し❶、［論文検索］ボタンをクリック❷する。

2　一覧表示画面に移動する。検索した語句がハイライト表示されるのを参考に、一覧のなかから必要な論文を選び、タイトル❸をクリックする。検索結果が多い場合は、検索語や検索対象を調整して再検索するか❹、著者❺や掲載雑誌❻をクリックして絞り込む。

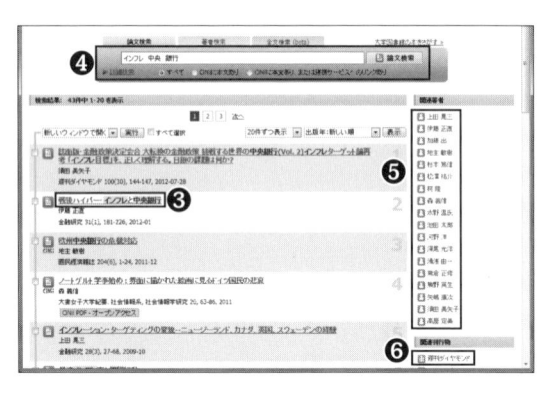

3　詳細表示画面に移動する。最下部に掲載誌名・巻号・ページ数・発行者などの書誌情報が表示される❼。掲載雑誌を図書館で探すときや、レポート・論文などに引用するときに必要になるので、文献調査ノート（☞56ページ）に書き写しておくこと。 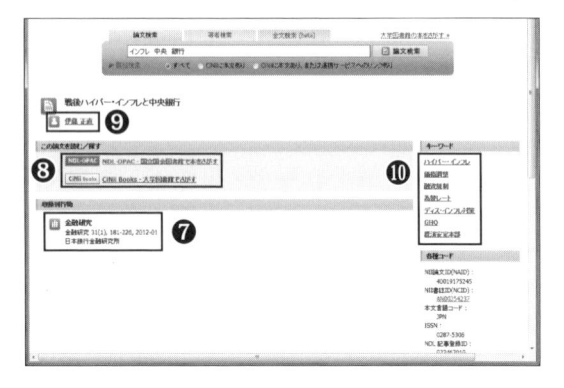
　［CiNii Books］や［NDL-OPAC］のボタン❽が表示されていれば、クリックして掲載雑誌の全国の大学図書館・国立国会図書館の所蔵状況を検索できる。ただし、実際には所蔵されていてもボタンが表示されないことがあるので、念のため OPAC などを使って雑誌名を検索して欲しい。このほか、著者名リンク❾をクリックすると、検索した論文の著者が書いた別の論文を表示できる。キーワードリンク❿をクリックすると、論文に含まれるキーワードから似たテーマの論文を探すことができる。これも完全ではないので注意すること。

PowerPointの基礎

はじめに

ここでは、PowerPointの初歩的なスキルについて解説します。PowerPointにはほかにもさまざまな機能がありますので、大学の授業を履修する、市販のマニュアル本を使って自習するなどしましょう。

PowerPointの画面構成

PowerPointを起動する、あるいは起動後にリボンの［ファイル］タブから［新規作成］を選択すると、PowerPointの標準画面となります。標準画面の画面構成は、以下のようになります。

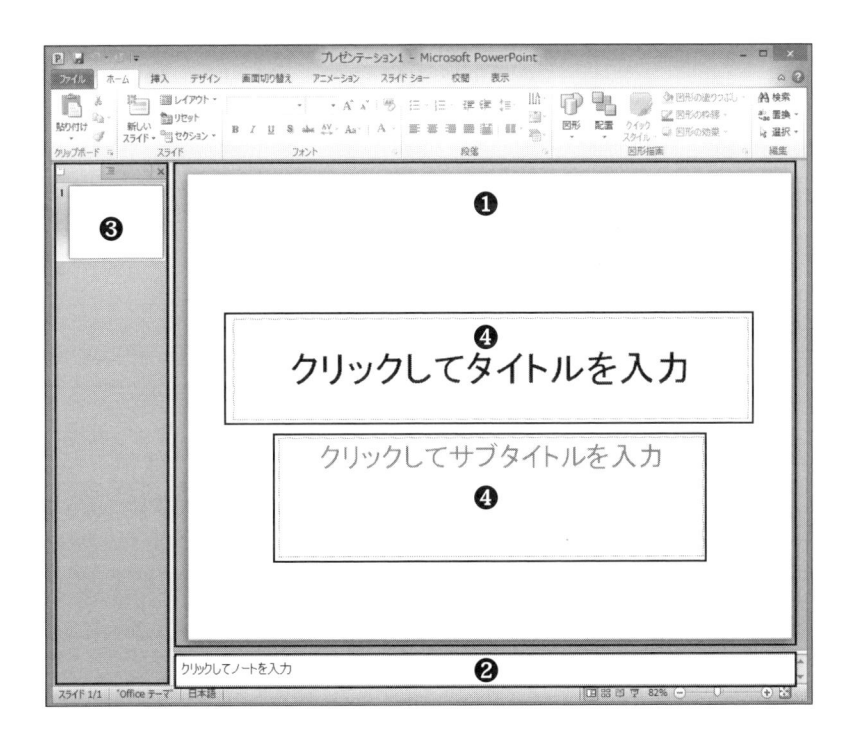

- スライドペイン❶：スライドを作成する。
- ノートペイン❷：プレゼンテーション中に参照するノート（聴衆には見えない）を書く。
- アウトラインペイン❸：新しいスライドの追加など。
- プレースホルダ❹：文字や画像などを入力する枠。

新規作成すると、スライドペインにはタイトルとなるスライドが自動的に作られ、そこにタイトルやサブタイトルを入力するプレースホルダが作成されます。プレースホルダの書式は、レイアウトやデザインの変更（後述）によって自動的に調整されるようになっています。PowerPointのスライドは、基本的にこのプレースホルダに文字や画像を入力・挿入することによって作成します。

　アウトラインペインでは、［スライド］タブと［アウトライン］タブを切り替えることができます。［スライド］タブではスライドのサムネイル（縮小表示）が、［アウトライン］タブではスライドのタイトルと箇条書きテキストが表示されます。スライドの構成を考える場合には［アウトライン］タブが便利です。

スライド作成の基礎

タイトルスライドの作成

　ここでは、以下の3枚のスライドからなる「ゼミ旅行の提案」を作成する方法について解説します。

1	タイトルスライドの［クリックしてタイトルを入力］と表示されているプレースホルダ❶をクリック、「ゼミ旅行の提案」と入力する❷。プレースホルダ以外の場所をクリックすると入力が確定する。
2	同じように［クリックしてサブタイトルを入力］と表示されているプレースホルダ❸をクリックし、「文学部△△学科」と入力し、⏎を押して改行、「山村ミチコ」と入力する。

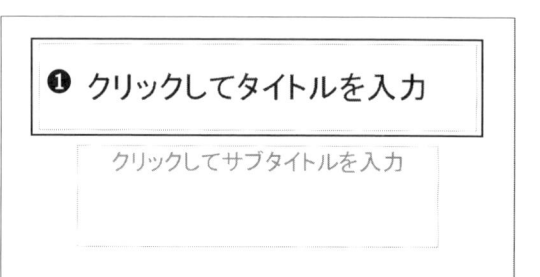

PowerPointの基礎

| 3 | プレースホルダ以外の場所をクリックすると確定する。 |

◎スライドを追加する

次に新しいスライドを追加しましょう。ここでは、最も標準的な［タイトルとコンテンツ］レイアウトのスライドを追加します。

| 1 | ［ホーム］タブ❶をクリックし、［新しいスライド▼］ボタン❷をクリックする。さまざまなレイアウトが表示されるので、そのなかから［タイトルとコンテンツ］❸をクリックする。 |

| 2 | ［タイトルとコンテンツ］レイアウトのスライドが追加される。 |

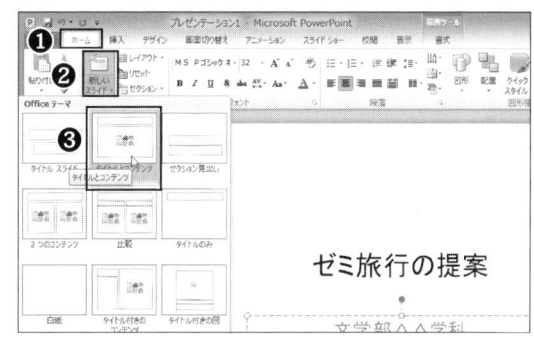

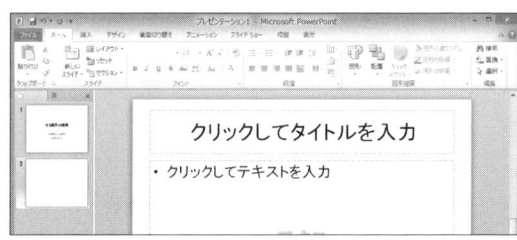

◎テキストの入力

［タイトルとコンテンツ］レイアウトのスライドでは、テキスト入力のためのプレースホルダに箇条書きで入力するようになっています。ほかの多くのレイアウトでも、テキストを入力するプレースホルダは同様の設定になっています。

| 1 | ［クリックしてタイトルを入力］と表示されているプレースホルダ❶をクリックし、「これまでのゼミ旅行の問題点」と入力する。［クリックしてテキストを入力］と表示されているプレースホルダ❷をクリックする。 |

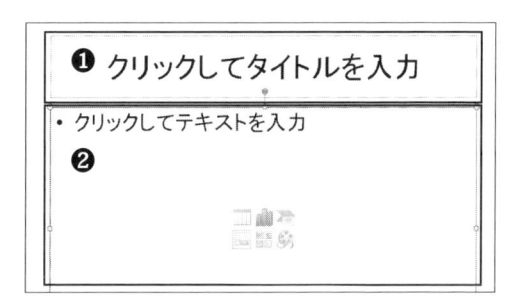

2	「参加者が少ない」と入力し、🔲を押して改行する❸。次の行は箇条書きのレベルが1つ下なので、[インデントを増やす]ボタン❹を押して箇条書きのレベルを下げる❺。

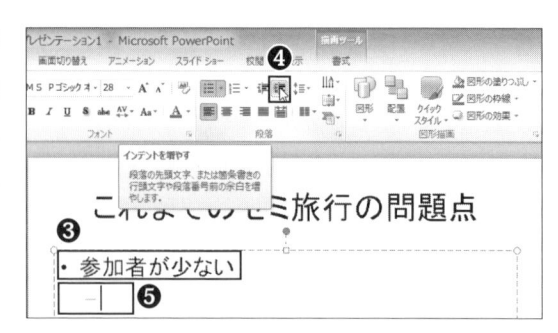

3	「金銭的問題？」と入力し、🔲を押して改行する❻。次の行は箇条書きのレベルが1つ上なので、[インデントを減らす]ボタン❼を押して箇条書きのレベルを1つ上げる❽。「1泊旅行が多かった」と入力する。

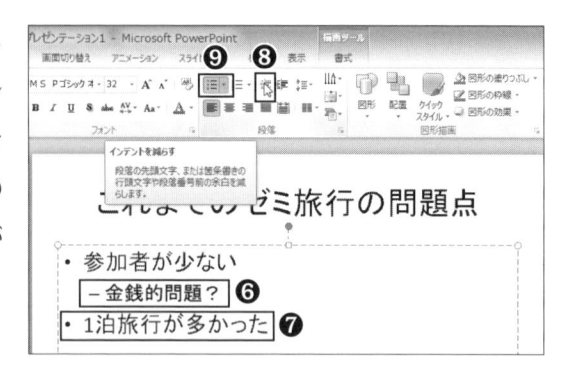

　同じようにして、2枚目・3枚目のスライドの箇条書きも完成させましょう。
　なお、箇条書きのレベルの上げ下げは、行頭にカーソルを置いて🔲を押したり、🔲を押したまま🔲を押したりしても調整できます。また、箇条書きにするかしないかは、[ホーム]タブの[箇条書き]ボタン❾で設定することができます（行頭記号を消してしまった場合にも、このボタンで再設定できます）。

スライドの移動

　サムネイルをドラッグ＆ドロップすることで、スライドを並び替えることができます。

1	移動したいスライドをドラッグ（マウスでクリックしたまま移動させる）すると❶、マウスポインタが変化する❷ので、そのまま移動したい場所でマウスボタンを放してドロップする。スライドが移動される場所には横線❸が入る。

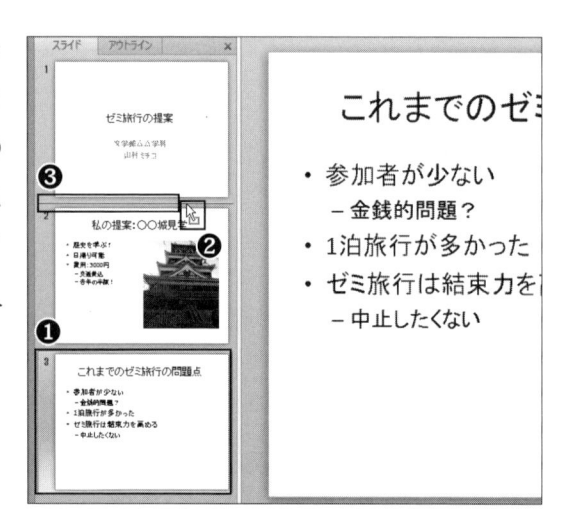

142

レイアウトの変更と図版の挿入

　3枚目のスライドは、左側が箇条書きの文字情報、右側が城の写真となっています。PowerPointでは、このような典型的なレイアウトがあらかじめいくつか用意されています。3枚目のスライドを［2つのコンテンツ］レイアウトに変更し、画像を挿入してみましょう。

1	3枚目のスライドをスライドペインに表示させてから、［ホーム］タブ❶をクリックし、［レイアウト］ボタン❷をクリックする。レイアウトの一覧から［2つのコンテンツ］をクリックする❸。
2	右側のプレースホルダのなかにある［図をファイルから挿入］ボタン❹をクリックする。
3	挿入する画像ファイルを選択して、［挿入］ボタンをクリックする❺。
4	プレースホルダに選択した画像が挿入される。

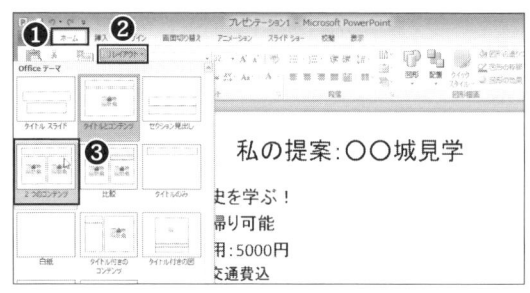

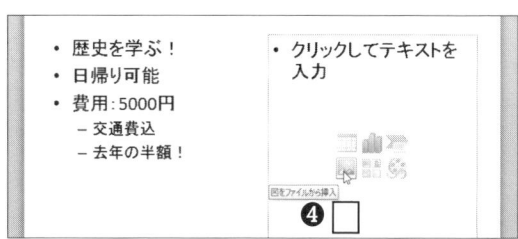

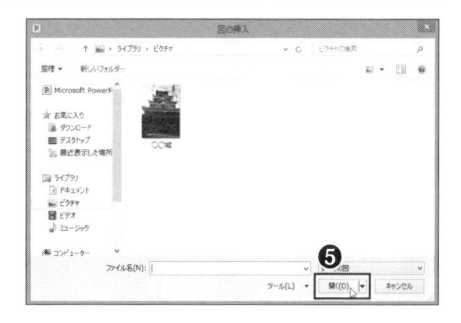

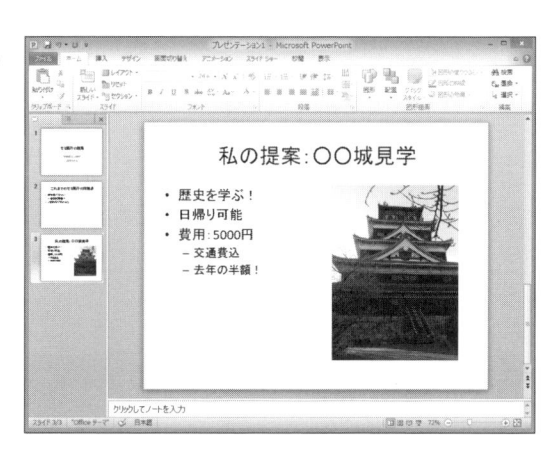

右側のプレースホルダに、画像ファイルをドラッグ＆ドロップして画像を挿入することもできます。

　プレースホルダ以外の場所にも画像を挿入することはできます（画像だけでなく、文字情報も追加することができます）。しかし、各レイアウトに用意されたプレースホルダを使って文字情報や画像を編集することで、統一されたデザインのスライドを効率的に作成することができます。

◎テーマの変更

　PowerPointではスライド全体にテーマを適用することで、配色・背景画像・フォントなど全体のバランスと統一感を保ちながら、プレゼンテーションを美しく演出することができます。テーマは以下のように変更します。

1	［デザイン］タブ❶をクリックすると、［テーマ］が一覧表示される❷ので、右下のボタン❸をクリックする。
2	すべてのテーマが一覧表示される。適当なデザインのテーマを選び❹、クリックする。
3	すべてのスライドのデザインが変更される。

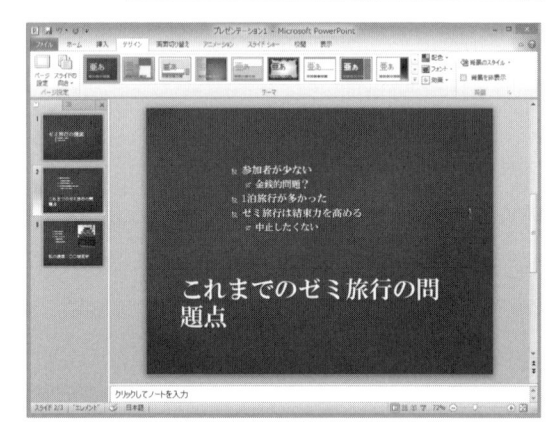

　前項で説明したレイアウトを用いてスライドを作成していれば、デザインの変更にあわせてレイアウトも自動調整されます。

　ただし、編集を繰り返していると、レイアウトを使っていても文字の大きさなどが自動的

に調整されなくなることがあります。その場合には、スライドペインに表示されたスライドの何もないところで右クリックすると、［スライドのリセット］というメニューが出ますので、それをクリックしてください。レイアウトの本来のデザインにリセットされます。

スライドショーの実行

◎スライドショーの開始

プレゼンテーションなどで PowerPoint のスライドを全画面で表示することを、スライドショーといいます。スライドの作成が終わったら、保存して、スライドショーを実行してみましょう。

1　［スライドショー］タブ❶をクリックし、［スライドショーの開始］グループの［最初から］ボタン❷をクリックする。

2　最初のスライドからスライドショーが始まる。

途中のスライドからスライドショーを実行したい場合には、そのスライドを［スライドペイン］に表示させてから、［現在のスライドから］ボタン（［最初から］ボタンのとなり）もしくは PowerPoint ウィンドウ右下の🖵をクリックします。

◎スライドショーの操作

スライドショーの操作方法は以下のとおりです。

- 次のスライドの表示：マウスのクリック・▭・▭ など
- 前のスライドに戻る：▭ など
- スライドショーの中断：▭ など

最後のスライドで次のスライドを表示する操作（クリックする、▭か▭を押すなど）をすると、真っ暗な画面に［スライドショーの最後です。クリックすると終了します。］というメッセージが出ます。そこでクリックすると、スライドショーが終わり、標準画面に戻ります。

配布資料の印刷

スライドを［配布資料］として印刷することで、簡易的なハンドアウト（☞95ページ）を作成することができます。ここでは1枚の用紙に6つのスライドが並んでいる配布資料を印刷してみましょう。

1　［ファイル］タブ❶をクリックし、［印刷］❷をクリックする。［フルページサイズのスライド］❸をクリックして、［6スライド（横）］❹を選択する。［印刷］ボタン❺を押して印刷する。

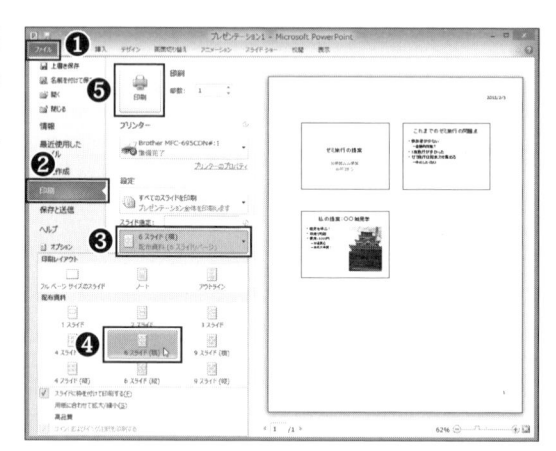

選択できる用紙サイズやレイアウトはプリンタによって異なりますので、右側に表示されるプレビューを確認しながら、各自、調整してください。

レポート・論文のための Word の基礎

Word の設定を変更する

◎意外と使いこなせていない Word

　Word は小学校から使ってきて慣れているし、十分使いこなせている、と思っている人が多いのではないかと思います。でも考えてみてください、Word のリボンに表示されているボタンのうち、押したことのあるものは幾つあるでしょうか。10 にも満たない人が大半ではないでしょうか。つまり、そのボタンの数程度しか、皆さんは Word の機能を使いこなせていないのです。ここではレポート・論文執筆に役立つ機能を中心に、知っているようで知らない Word の使い方を学んでいきます。

　なお、この課で使うサンプルファイルやテンプレートは、担当の教員に配布してもらうか、132 ページに記載されている URL からダウンロードするかしてください。

◎Word の設定を変更する

　効率的に美しい文書をデザインするために、まず画面表示の設定を変更しましょう。

1　［ホーム］タブ❶をクリックし、［編集記号の表示 / 非表示］ボタン❷をクリックする。編集記号が表示される❸。

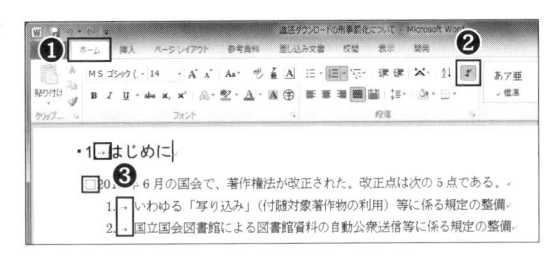

　編集記号を表示すると、これまで何も表示されていなかったスペースや改ページ・タブなどが表示されるようになります。

　特に注意して欲しいのが、**Word には 2 種類の改行がある**点です。1 つが「段落区切り」、もう 1 つが「任意指定の行区切り」です。たとえば、

編集記号	名称	入力
↵	段落区切り	[Enter]
↓	任意指定の行区切り	[Shift]を押したまま[Enter]
——改ページ——	改ページ	[Ctrl]を押したまま[Enter]
□	全角スペース	日本語入力で[Space]
・	半角スペース	英数入力で[Space]
→	タブ	[Tab]

147

箇条書きの段落で普通に☐を押して改行すると、次の行も箇条書きの段落になります。一方、[Shift]+☐で任意指定の行区切りをすると、段落がまだ続いていることになるので、次の行は箇条書きになりません（右図の3）。Wordの段落は、後述するスタイル機能などさまざまな書式設定の基本単位になりますので、2種類の改行をしっかり区別してください。

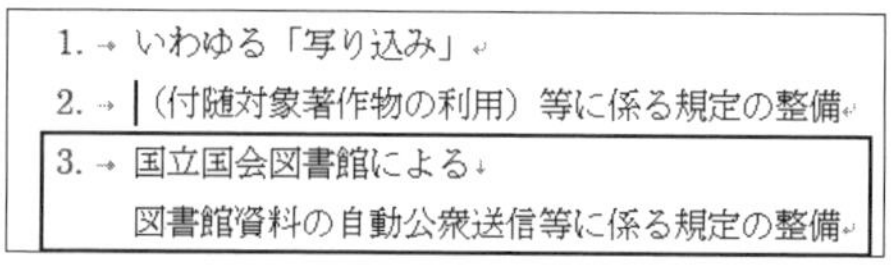

次に、禁則文字とオートコレクトを設定します。禁則文字とは、行頭の句読点（、。）や閉じカッコ（」』）、行末のカッコ開き（「『）など、レイアウト上の禁止事項のことですが、Wordの標準設定では長音記号（ー）や小さく書かれる仮名（っょァ…）などが行頭の禁則文字に設定されていません。オートコレクトは、ある一定の条件を満たした文字列を自動変換するものです。URLやメールアドレスの自動ハイパーリンク変換を切っておきましょう。

1	［ファイル］タブ❶をクリックし、［オプション］❷をクリックする。
2	［Wordのオプション］ダイアログボックスが開く。［文字体裁］❸をクリックし、［高レベル］❹をチェックする。［OK］ボタン❺をクリックする。
3	［Wordのオプション］ダイアログボックスの［文章校正］❻をクリックし、［オートコレクトのオプション］❼をクリックする。
4	［オートコレクト］ダイアログボックスが開く。［入力オートフォーマット］タブ❽をクリックし、［インターネットとネットワークのアドレスをハイパーリンクに変更する］❾のチェックを外す。［OK］ボタン❿をクリックして、［オートコレクト］ダイアログボックス、［Wordのオプション］ダイアログボックスを閉じる。

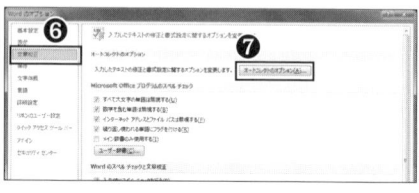

スタイル機能を使う

◎スタイル機能とは

　第13課で、レポート・論文はスタイルであること、見出し・引用文など、文書を構成するパーツごとに書式を揃えなくてはならないことを学びました。しかし、その都度、フォントや文字サイズ・字下げなどを指定していると、どうしても設定ミスが避けられません。こうしためんどうな**書式の統一を効率化するのがスタイル機能**です。

　スタイル機能では、見出し・引用文などの文章を構成するパーツごとに、あらかじめ書式を設定しておきます。そして、この段落は「引用文」にあたる、と指定することで、設定された書式を呼び出して適用してくれます。

◎見出しのスタイルを設定する

　レポート・論文の各セクションは、ふつう、章 > 節 > 項 という風に組み立てられます。そして、それぞれの章・節・項には統一された見出しを付けなくてはなりません。サンプルファイルを開いて、スタイル機能で見出しの書式を設定してみましょう。最終的に、書式を右図のように整えます。

1	章見出しに設定する段落❶をクリックしてカーソルを置く。[ホーム]タブ❷をクリックし、[見出し1]❸をクリックする。
2	章見出しが「見出し1」スタイルに設定される❹。

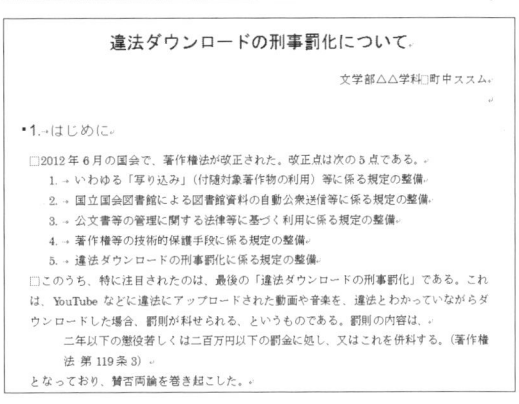

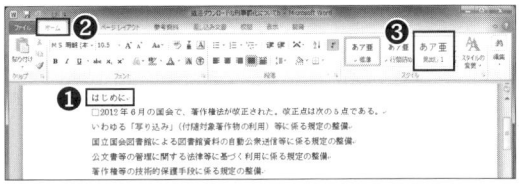

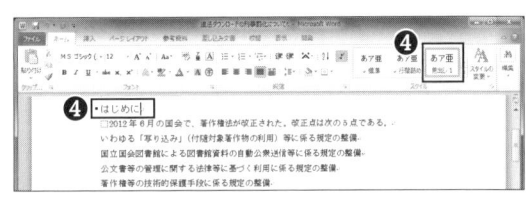

　見出しのスタイルに設定すると、段落の左に小さな「■」が表示されます。これは、見出しスタイルに設定されたことを示すマークで、印刷はされません。

　同じように節見出しは[見出し2]に、項見出しは[見出し3]に設定します。このとき、リボンのスタイル一覧にスタイルが見えなかったら、スタイル一覧右下の▼ボタンをクリックしてスタイルギャラリーから探してください。

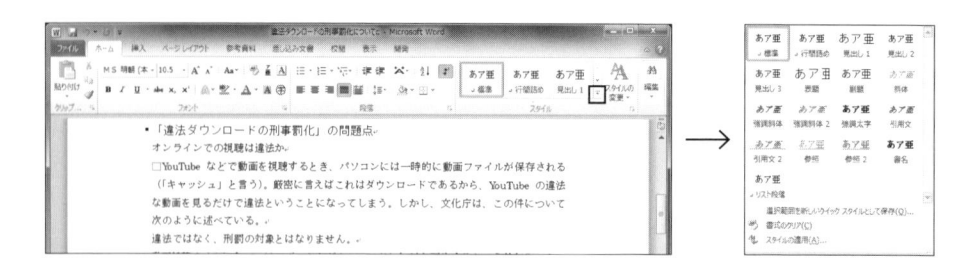

なお、見出し1～3はさまざまな文書で多用されるので、ショートカットが設定されています（右表）。いちいちマウス操作しなくても、キーボードからスタイルを設定できて便利なので、是非、覚えておきましょう。

スタイル	ショートカット
見出し1	Ctrl と Alt を押しながら 1
見出し2	Ctrl と Alt を押しながら 2
見出し3	Ctrl と Alt を押しながら 3

引用文のインデント設定とスタイルの更新

次に、サンプルファイル1ページ目の「二年以下の懲役若しくは……」という段落を、引用文スタイルに設定します。

1. 引用文の段落にカーソルを置き、スタイル一覧右下の▼ボタンをクリックしてスタイルギャラリーを開く。[引用文]❶をクリックする。

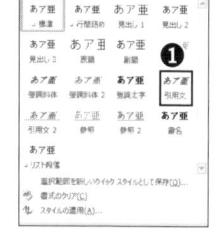

2. 「引用文」スタイルが適用される❷。

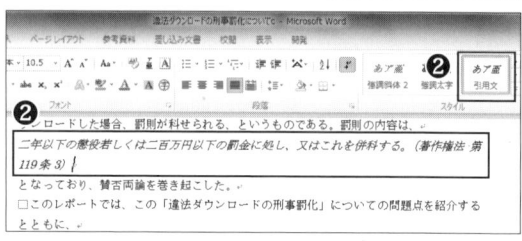

引用文スタイルに設定すると、段落が斜体になります。読みにくいですね。日本語では普通、斜体は使いませんし、レポートや論文では段落を2～3字下げにするのが一般的です。以下の手順で、スタイルの設定を更新します。

1. 引用文の段落をすべて選択する❶。

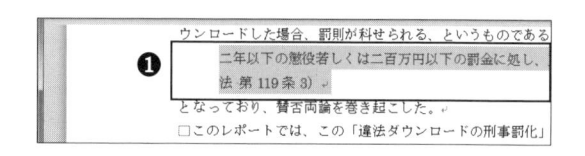

2	［*I*］ボタン❷をクリックして、斜体を解除する。［インデントを増やす］ボタン❸を3回クリックして、段落を3字下げに設定する。
3	スタイル一覧の［引用文］❹の上で右クリックし、［選択箇所と一致するように引用文を更新する］❺をクリックする。
4	スタイル一覧の［引用文］の上の行に表示される書式見本の表示❻が変わり、引用文スタイルの書式設定が更新される。

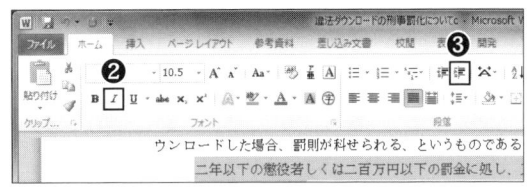

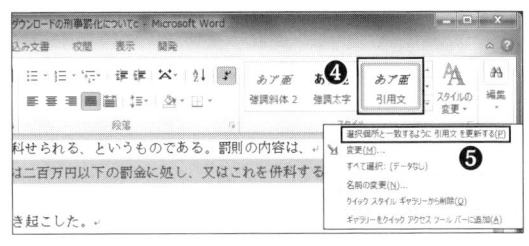

　段落の書式を編集画面上で変更してから、スタイルの書式をそれに合わせて更新することで、自分の目的と好みに合わせたスタイルに変更することができます。見出し1スタイルについても、MSゴシック・14ポイントに設定してみてください。

　なお、インデントを使うと、段落の字下げを設定することができます。各行の頭にスペースを入れて字下げするよりも簡単ですし、後からずれて字下げが崩れることもありません。

テンプレートを使う

◎テンプレートとは

　書式を設定してスタイルを更新していく作業、とりわけ章・節・項の見出しに連番を自動で振る、見出しの上下にスペースを入れるといった設定は、いささか難度が高くめんどうな作業になります。そうした詳細な設定方法については、119～120ページに挙げた『電脳中国学入門』・『Wordで作る長文ドキュメント』などを参照していただくとして、ここではテンプレートを使って、書式の整ったレポート・論文を手軽に作成する方法を解説します。

　テンプレートとは、ひな形という意味です。Wordでは、ビジネス文書・宣伝チラシ・年賀状など、文面やデザインのひな形としてテンプレートが用意されています。Wordの新規作成画面で、「office.comテンプレート」以下に表示されているのがそれです。

　Wordのテンプレートには、スタイルの書式設定を登録することができます。本書では、皆さんが手軽に美しいレポート・論文を作成できるように、めんどうな連番機能や目次・ページ番号などを設定済みの、専用テンプレートを作成しました。以下では、そのテンプ

レートを使ってレポート・論文を執筆する方法について解説します。

テンプレートの使い方

マイドキュメントに「Word テンプレート」というフォルダを作って、そこにテンプレートファイルを保存しておきましょう。

1. 保存したテンプレートのうち、使いたいファイル（ここでは「レポート・論文・A4 横 .dotx」）❶をダブルクリックする。

2. テンプレートが適用された新規文書が開く。

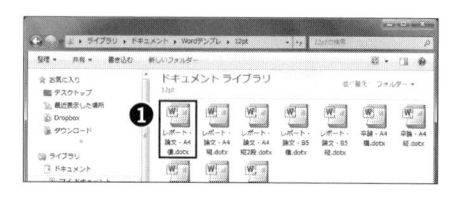

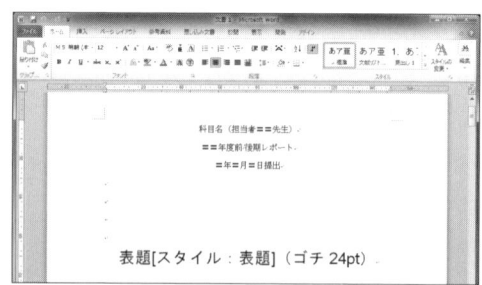

テンプレートには、さまざまな注意書きがあらかじめ書かれています。ひととおり目を通したら、それらを消したり修正したりして、レポート・論文を執筆します。

3 ページ以降がレポート・論文の本体になります。あらかじめ書かれているスタイルの説明をすべて削除してから、スタイル機能で書式を設定しながら執筆しましょう。

練習のために、サンプル文書の全文を 3 ページ以下にコピーして書式を設定してみてください。まず初めに貼りつけた文をすべて選択し［本文］スタイルに設定してから、見出し・引用文などを設定するとよいでしょう。

ヘッダの編集

ヘッダとは、すべてのページの上の余白に共通して書き込まれる情報のことです。レポート・論文では、タイトルと執筆者名を入れるのが一般的です。テンプレートでは「タイトル（執筆者名）」になっていますので、これを書き換えます。

1. 3 ページのヘッダの上❶でダブルクリックする。

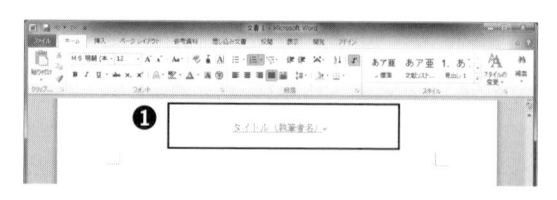

| 2 | ヘッダが編集可能になるので、書き換える❷。 |
| 3 | 本文の上❸でダブルクリックして、ヘッダの編集を終了する。 |

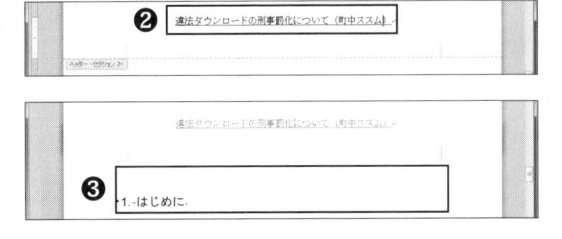

文献リストのスタイル

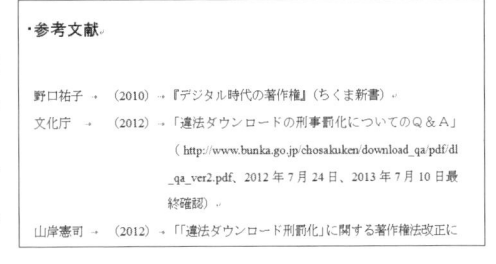

レポート・論文の末尾には、学術分野や大学によって違いはありますが、文献や図版・データなどの引用リストを添付するのが一般的です。テンプレートでは、文献リストの見出しを［文献リスト見出し］スタイルに、個々の文献を［文献リスト］スタイルに設定します。［文献リスト］スタイルは、段落の2行目以降が字下げになるように設定されています（ぶら下げインデント）。「著者名 ☐（発表年）☐ タイトル・書誌情報……」の順に入力してください。

目次の更新

テンプレートの2ページ目には目次が埋め込まれています。これは、スタイル機能で章・節・項などの見出しを設定しておくと、それが何ページにあるのかを自動で探して目次を作ってくれる、Wordの目次機能で生成したものです。スタイル機能で見出しを設定したら、以下の手順で目次を更新しましょう。

1	目次の上❶でクリックし、目次エリアの外にマウスカーソルを移動させる。
2	［目次の更新］❷をクリックする。目次の更新ダイアログボックスが表示されたら、［目次をすべて更新する］❸をチェックして、［OK］ボタン❹をクリックする。
3	目次が更新される。

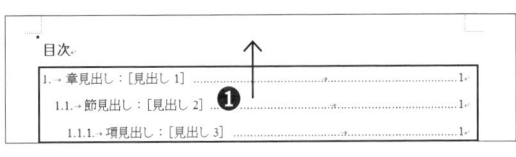

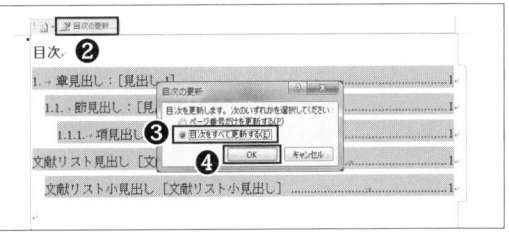

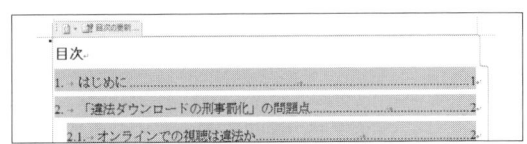

このように、Wordの目次は自動更新されません。レポート・論文の提出前には、目次を忘れずに更新してください。

レポート・論文に役立つそのほかの機能

レポート・論文では、脚注を使って補足説明したり引用の出典を示したりすることができます。Wordの脚注機能を使うと、脚注を入れるとともに、本文の該当箇所に注番号を入れてくれます。Wordの脚注には、各ページの末尾に脚注が挿入されるページ脚注と、文末にまとめて挿入される文末脚注の2種類があります。どちらを使うかは学問領域によって異なりますので、担当の教員に確認したほうがよいでしょう。

| 1 | 脚注を挿入する位置にカーソルを置く❶。［参考資料］タブ❷をクリックし、［脚注の挿入］ボタン❸をクリックする。 |
| 2 | カーソル位置に注番号が❹、ページ末に脚注が挿入される。脚注を入力する❺。 |

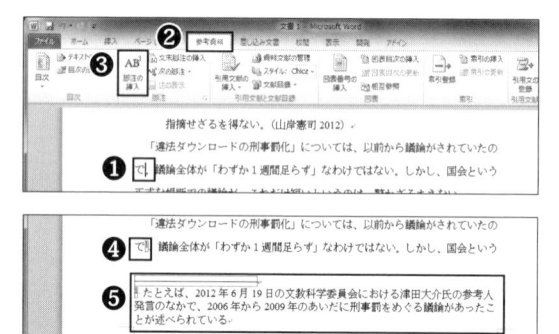

文末脚注の場合は、［参考資料］タブで［文末脚注の挿入］ボタンをクリックしてください。
文書の文字数を知りたいときには、文字カウントを使います。

| 1 | ［校閲］タブ❶をクリックし、［文字カウント］❷をクリックする。文字カウント❸が表示される。 |

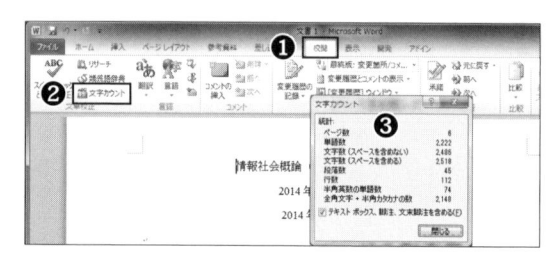

行頭に記号の付いた箇条書きや数字を振ったリストも、記号や数字をいちいち入力せずに、Wordの機能を使いましょう。

| 1 | 箇条書き・リストにする段落を入力し、まとめて選択する。 |

レポート・論文のためのWordの基礎

2ₐ　［ホーム］タブ❶をクリックし、［箇条書き］ボタン❷をクリックする。選択した段落が箇条書きになる。

2ᵦ　［段落番号］ボタン右の［▼］❸をクリックして、一覧から番号❹を選ぶ。選択した段落に番号が振られる。

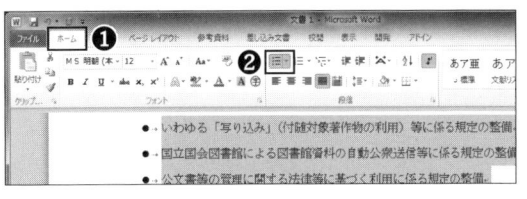

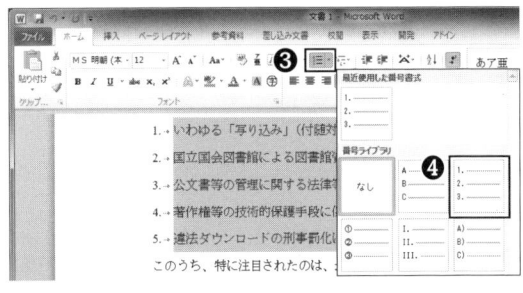

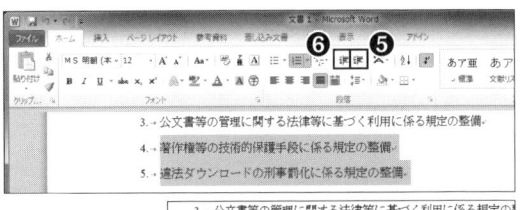

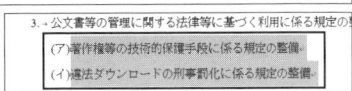

3　箇条書きやリストの途中の項目を選択して［インデントを増やす］ボタン❺をクリックすると、箇条書き・リストのランクが下がる。ランクを上げるときは［インデントを減らす］ボタン❻をクリックする。

見出しに連番が振られているときに［段落番号］ボタンを押すと、見出しと連続した番号が振られてしまうことがあるので、手順26の方法で設定するようにしてください。

アウトライン表示を使う

◎アウトライン表示に切り替える

アウトライン表示は、文章の章立てや構成を考えるのに適した画面表示モードです。

1　Wordのウィンドウ右下の 📋 ❶をクリックする。

2　アウトライン表示に切り替わる。アウトライン表示を終了するときは、［アウトライン表示を閉じる］ボタンをクリックする❷。

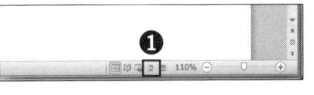

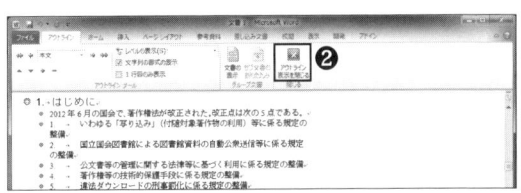

アウトライン表示では、スタイルで設定した見出しのランクに従って、文章が階層構造で表示されます。階層構造のセクションは折りたたむことができます。

155

1	見出し行の左の ⊕❶をダブルクリックする。
2	セクションが折りたたまれる❷。もう一度ダブルクリックすると展開する。

アウトラインを折りたたむと、文章全体の構成が見やすくなります。アウトライン表示では、セクションや章を簡単に移動させることができます。

1	移動させるセクションや折りたたまれたセクション・段落などを選択する❶。
2	▲ ▼ ボタン❷をクリックして、選択した部分を移動させる。

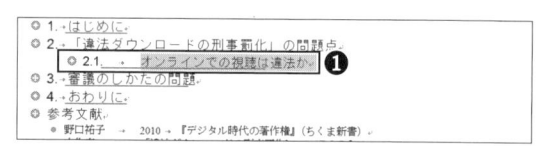

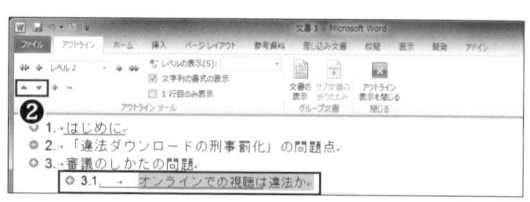

折りたたんだセクションを移動させると、折りたたまれている段落がすべて移動します。

アウトライン表示のこうした機能を使うと、第 14 課で学んだ小さな主張をアウトラインにまとめ、さらにレポート・論文に仕上げる一連の作業を効率化できます。

1	1 行に 1 つの主張を入力する❶、上の行に見出しを入力し、見出しにカーソルを置いて ⎈ と ⎇ を押したまま ⌦ を押して［見出し 3］に設定する❷。
2	主張を並べ替え、似たような見出しは 1 つにまとめる❸。並べ替えたグループごとに見出しをつけ、［見出し 2］に設定する❹。

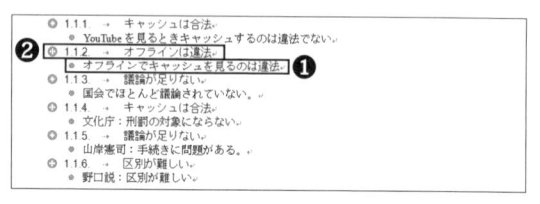

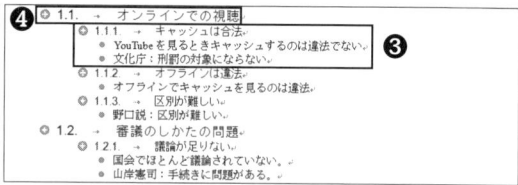

この作業を繰り返すことで、章・節・項というレポート・論文の構成ができていきます。

ここまで、レポート・論文執筆に役立つ Word の機能を学んできましたが、このほかにも多くの便利な機能があります。是非、120 ページで紹介した『Word で作る長文ドキュメント』などを参考に、Word を道具として使いこなせるようになってください。

Excel の基礎

はじめに

　Excel は世界で最も広く使われている表計算ソフトです。大学での学びや研究では、主張したいことを客観的に裏づけるために統計を取ったり、統計データをわかりやすく示すためにグラフを作成したりするケースが多いので、必然的に Excel を使う機会も多くなります。社会でも Excel は幅広く使われており、ビジネス文書を Word ではなく Excel だけで作っている会社もたくさんあります。Excel に慣れていない人も以下に解説する初歩的なスキルは最低限身につけておきたいものですし、さらに大学の情報処理科目を履修する、マニュアル本を参照するなどして、より高度な使い方もマスターしておいたほうがよいでしょう。

◎Excel の画面構成

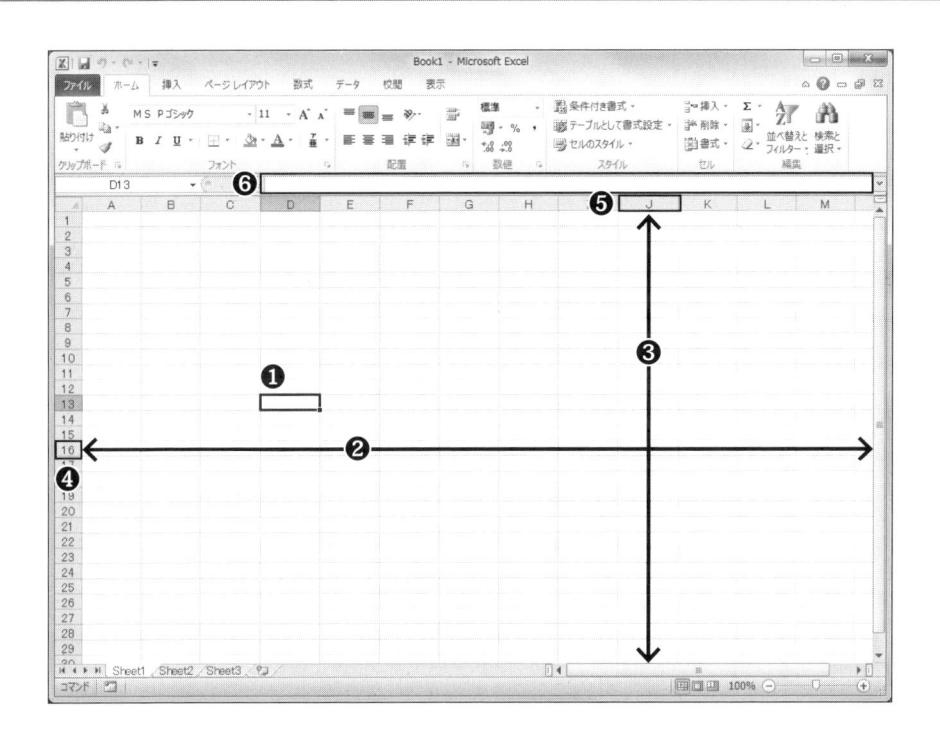

　Excel の画面は、マス目が並んだ表になっています。この表全体をシート、個々のマス目をセル❶といいます。数値や文字列はセルに入力することになります。また表の横方向を行❷、縦方向を列❸と呼び、行の左端には数字の行ラベル❹、列の上端にはアルファベットの

列ラベル❺が表示されています。個々のセルは列ラベルと行ラベルを組み合わせた「D13」のようなセル番地がついています。また、画面上部の数式バー❻には、カーソルの置かれたセルの内容が表示されますが、たとえば数式バーには入力されている数式が、セルには数式の計算結果が表示される、といった使い分けがあります。

入力と計算

数値と文字の入力

数値や文字は以下の方法でセルに入力します。

1　入力したいセルをクリックする。

2　数値や文字を入力し、□を押す。

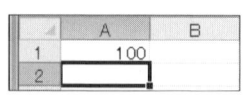

セルに入力された数値や文字列は、以下の手順で修正します。

1　修正したいセルをクリックする❶。数式バーにセルの内容が表示される❷。

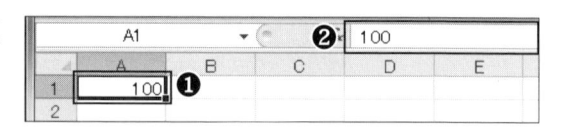

2　数式バーをクリックして、データを修正し❸、□を押して修正したデータを確定する。

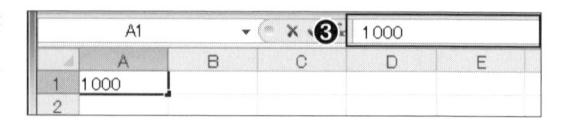

セルの内容をすべて削除するには、セルをクリックして□を押します。

数式の入力

Excelは「表計算ソフト」ですので、数値の計算はお手のものです。足し算・引き算・かけ算・わり算などの簡単な計算ならば、セルに直接数式を入力して計算することができます。

このとき、冒頭にイコール記号（=）を書き、その後に数式を入力します。か

演算子	意味	数式バーでの表示	セルの表示
+	足し算	=2+5	7
-	引き算	=5-3	2
*	かけ算	=3*8	24
/	わり算	=6/3	2

け算・わり算の記号はそれぞれ「*」・「/」となります。また、「=A4*10」のようにセル番地を使って記述すると、セル A4 に入力された数値を代入して計算してくれます。

関数を使う

Excel をはじめとするコンピュータの世界では、1 つのまとまりをもった処理手続きのことを関数と呼びます。たとえば、平均値を求める数式は「=(1+2+3+4+5) / 5」のようになりますが、Excel では「あるセルからあるセルまでの範囲の値をすべて足してセルの個数で割る」という処理手続きを定義した「AVERAGE」という関数が用意されていて、

=AVERAGE(A1:A10)

のように指定することで、セル A1 から A10 の範囲の平均値を求めることができます（「：」は「〜から〜まで」の意味）。

それでは、「選択した範囲の値の合計」を計算する SUM 関数を例に、関数の使い方を見ていきましょう。以下では、日本の世代別人口構成の統計データを集計してみます。

| 1 | 合計を表示したいセル❶をクリックする。 |

| 2 | ［ホーム］タブ❷をクリックし、［Σ オートサム］ボタン❸をクリックする。 |

| 3 | セルに「=SUM(B4:B8)」のように表示され❹、（ ）内に自動で入力されたセルの範囲が強調表示される。計算するセルの範囲が違っている場合には、正しい範囲をドラッグして選択する。 |

| 4 | ↵を押して確定する。合計値が表示される。 |

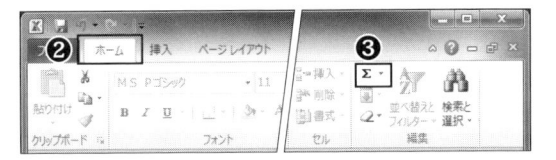

このように、リボンのボタンをクリックすることで、

=SUM(起点セル番地:終点セル番地)

という文法を覚えていなくても、自動で関数を呼び出して入力することができます。
　[Σオートサム]ボタンの右の[▼]をクリックすると、さまざまな関数を呼び出すことができます。[数式]タブを使ってもよいでしょう。たくさんの便利な関数が用意されていますので、ヘルプやマニュアル本を参照してください。

グラフを作る

グラフ作成の基礎

　Excelではセルに入力された値や計算結果に基づいて、さまざまなグラフを作成することができます。ここでは、日本の世代別人口構成の統計データに基づいてグラフを作成します。

1	グラフの元になるデータが入力されたセルの範囲を、見出しの行・列を含めて、ドラッグして選択する❶。
2	[挿入]タブ❷をクリックし、[グラフ]グループ❸で作成するグラフの種類のボタン❹をクリックする。
3	一覧から詳細なグラフスタイルを選択する❺。
4	グラフが作成される。

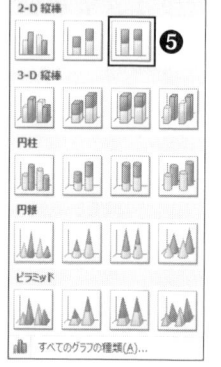

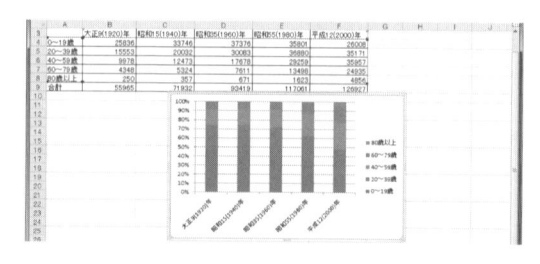

グラフの種類は、データのタイプやグラフの使用目的によって、適切なものを選びましょう。

◎グラフを移動する・大きさを変える

グラフは、ラベルやグラフの系列のキャプションを含めた「グラフエリア」ごと移動させます。

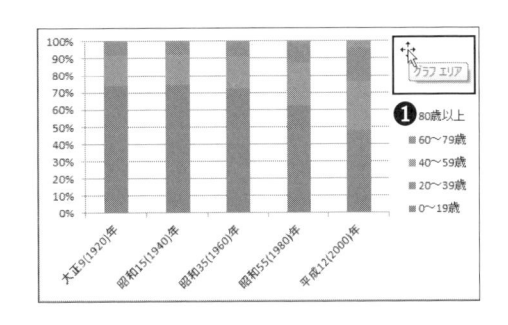

| 1 | グラフエリアの余白にマウスカーソルを合わせる。マウスカーソルの形が変わり「グラフエリア」とポップアップ表示されたら❶、ドラッグしてグラフエリアを移動させる。 |

グラフの大きさは、以下の手順で変更します。

| 1 | グラフエリア❶をクリックするとグラフエリアの枠線が表示される。枠線の四隅あるいは四辺の中央の「…」の付いている部分（図の丸囲い）をドラッグしてサイズを調整する。四隅は好きな方向に、四辺の中央は縦もしくは横方向に、ドラッグできる。 |
| 2 | グラフの大きさが変更される。 |

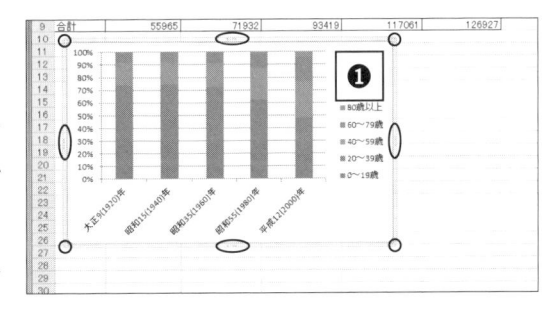

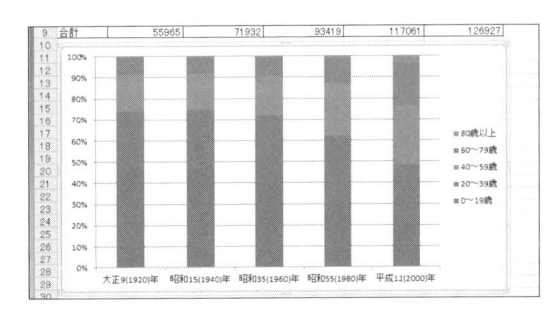

◎グラフにタイトルを追加する

これでもまだグラフは完成していません。Excelで作ったグラフは、どうしても必要な要素が欠けてしまうもので、たとえば上の例ではグラフのタイトルがありません。それを補ってみましょう。

1. グラフエリア❶をクリックすると、リボンに［グラフツール］が表示されるので［レイアウト］タブ❷をクリックする。［グラフタイトル］ボタン❸をクリックし、タイトルの表示位置を選択する❹。

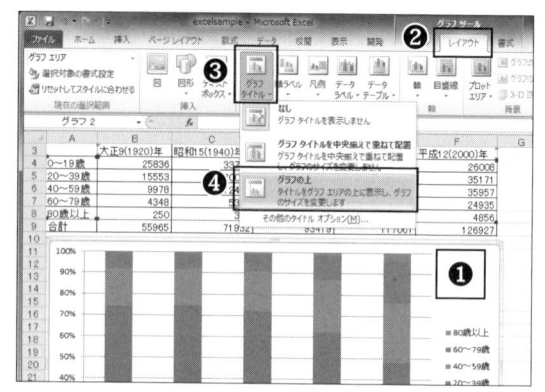

2. グラフタイトルエリア❺が挿入される。

3. グラフタイトルエリアをクリックしてタイトルを入力する。

以上のように、グラフの設定は、グラフエリアをクリックするとリボンに表示される［グラフツール］から変更します。凡例・目盛り線の表示など、さまざまな設定項目があるので、必要に応じて変更し、わかりやすく見やすいグラフに仕上げましょう。

Excel の表やグラフを Word・PowerPoint に貼りつける

前述のように大学での学びや研究では、主張したいことを客観的に裏づけるために統計データやグラフが使われます。このため、論文・レポートやプレゼンテーションのスライドなど、研究発表に Excel で作成した表やグラフを、引用する必要がしばしば生じます。

Excel の表やグラフは、手軽に Word や PowerPoint に貼りつけることができ、しかも後からデータを変更することもできます。

Excel の表を Word に貼りつける

1. Excel でコピーしたい表の範囲をドラッグして選択する❶。［ホーム］タブ❷をクリック、［コピー］ボタン❸をクリックする。

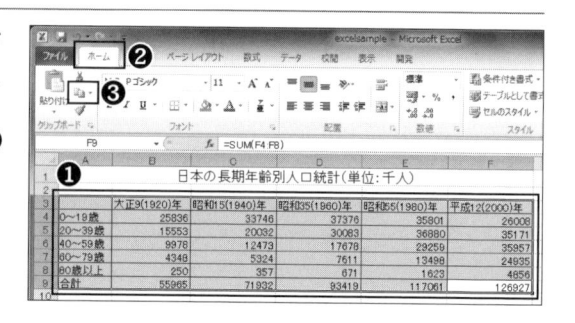

2　表を貼りつけるWordファイルを開き、表を貼りつけたい場所をクリックする。［ホーム］タブ❹をクリックし、［貼り付け］ボタン下の［▼］ボタン❺をクリックする。［形式を選択して貼り付け］❻をクリックする。

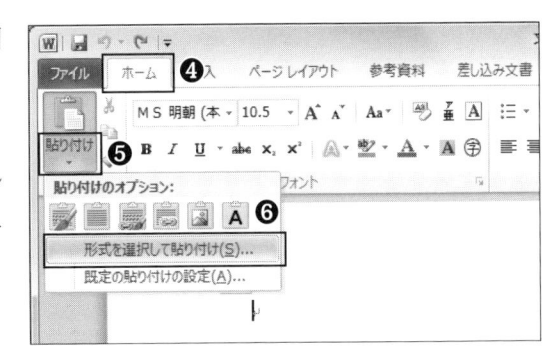

3　［形式を選択して貼り付け］ダイアログボックスが開く。［貼り付け］❼をチェックし、［Microsoft Excelワークシートオブジェクト形式］❽をクリックする。［OK］ボタン❾をクリックしてダイアログボックスを閉じる。

4　Wordに表が貼りつけられる。表をクリックし、四辺・四隅の「■」（丸囲い）をドラッグしてサイズを調整する。

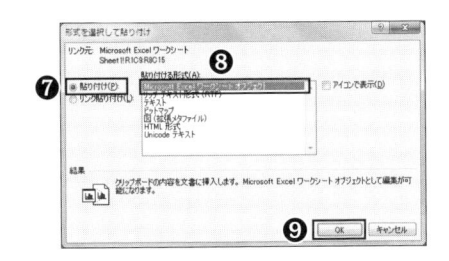

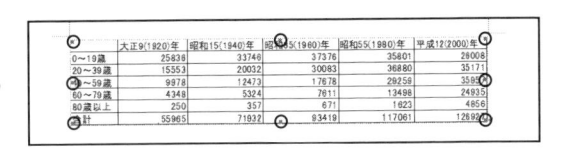

PowerPointに貼りつける場合も、手順はほぼ同じです。

「Microsoft Excelワークシートオブジェクト形式」で貼りつけると、Excelでデータを修正するのと同じように表を編集できます。貼りつけた表をダブルクリックすると、WordやPowerPointのなかでExcelが起動するので、後は通常のExcelと同じように操作してください。表の外側をクリックすれば、通常の編集状態に戻ります。

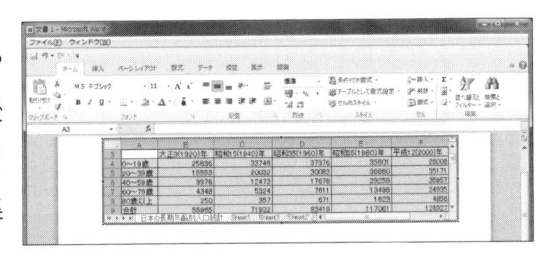

❼で「リンク貼り付け」を選択すると、引用した表がExcelファイルと連動して更新されるようになります。後からExcelのデータ・数式などを変更する可能性がある場合や、データの集計・管理をExcelに一元化したい場合などは、こちらを選ぶとよいでしょう。この場合、貼りつけた表をダブルクリックすると、Excelが起動して元のExcelファイルが開きます。

ExcelのグラフをWordに貼りつける

ExcelのグラフをWordやPowerPointに貼りつける方法は、表の場合と大差ありません。後から編集・調整できるのも同様です。

| 1 | Excel でグラフエリア❶をクリックし、[ホーム]タブ❷をクリック、[コピー]ボタン❸をクリックする。 |

| 2 | グラフを貼りつける Word ファイルを開き、グラフを貼りつけたい場所をクリックする。[ホーム]タブ❹をクリックし、[貼り付け]ボタン下の[▼]ボタン❺をクリックする。[形式を選択して貼り付け]❻をクリックする。 |

| 3 | [形式を選択して貼り付け]ダイアログボックスが開く。[貼り付け]❼をチェックし、[Microsoft Excel グラフオブジェクト]❽をクリックする。[OK]ボタン❾をクリックしてダイアログボックスを閉じる。 |

| 4 | Word にグラフが貼りつけられる。グラフをクリックし、グラフエリア枠線の四辺・四隅の「■」(丸囲い)をドラッグしてサイズを調整する。 |

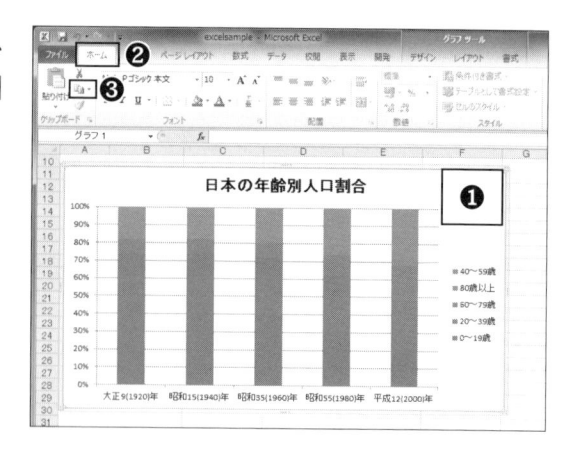

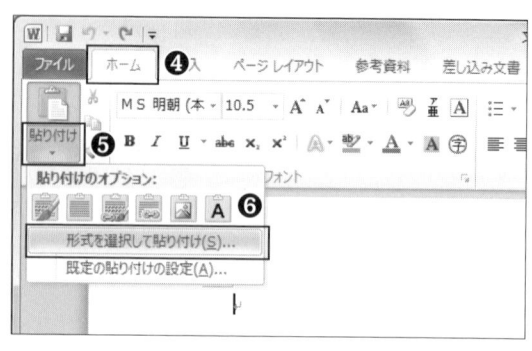

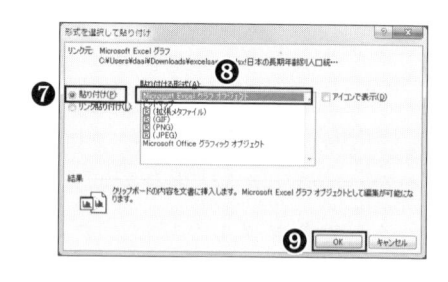

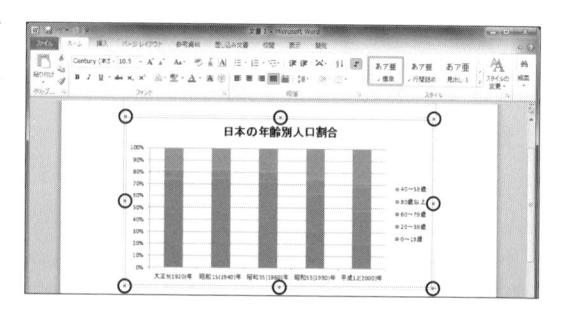

　PowerPoint のスライドに貼りつける場合も、手順は変わりません。また、グラフを調整するとき、グラフエリアをダブルクリックすると、Word・PowerPoint 内で Excel が起動する点も同様です。

164

小論文

シャルチエが提案する読書の未来

❶ロジェ・シャルチエが、昨今の Google をはじめとする書籍の電子化の問題について語ったエッセイ「デジタル化と書物の未来」(『みすず』2009 年 12 月号)は、インターネット時代の文化活動に興味がある人であればぜひとも読んでおきたいものの 1 つである。それは単に、シャルチエがヨーロッパにおける「読書の歴史」研究の大家として有名だから、という理由だけでなく、彼の住むフランスが、Google ＝アメリカの文化的専横とでも言うべき状況に反対の立場を表明している国の 1 つだからである。

❷このエッセイのなかで、シャルチエはいくつかの問題を指摘しているが、私が特に重要だと思うのは、次の二点である。

❸一点目は、紙の書籍においては「媒体とジャンルと慣習」が密接に結びついているのに対して、デジタル化されたテキストでは「ジャンル」や「慣習」が剥奪され、その中身に直接アクセスすることになるのではないか、という懸念である。シャルチエは、次のような雑誌の例を述べている。

> 雑誌の概念でさえも不確かなものとなってしまう。記事を参照しようとするとき、各号を構成する編集方針がただちに理解できず、記事がテーマ別に羅列されている場合だ。継続性がなく、断片化された新しい読み方は、テクストと作品の関連性を支配し、それらの特性と一貫性において指名され、練り上げられ、適合してきたカテゴリーを居心地の悪いものにしていることは確かだ。

つまり、紙の時代には、1 つの記事を読む場合でも、その雑誌・新聞がどのような傾向を持っているのか(左か、右か、タブロイドか、など)、その記事が一面にあるのか三面にあるのか、カラーなのか白黒なのか、といったような「ジャンルと慣習」をふまえて読んでいる。しかし記事がデジタル化されることで、そのような読み方ができなくなってしまう。

❹このような状況に対してシャルチエは、次のような提言をしている。

…必ずしもすべての「文書」がデジタル化される必要があると思わずに、優先順位を決定すること。続いて、グーグルのように情報の鉱脈としてではなく、著述文化と出版業を生み出し今でも存続させている言論識別の基準を尊重し一貫性のあるものとして、電子書籍のデータベースを構築すること。

　「言論識別の基準」は少しわかりにくいが、おそらく先に述べた「ジャンルと慣習」と同様に、テキストを読む際にある種の"予断"を私たちに与えてくれるものであろう。これは昔から今に続く「文化」なのであり、大規模な書物のデジタル化においてはこのようなものも含めてデジタル化されなければならない、というのである。

❺二点目は、デジタル時代には、これまでの著作権・保存・保管の枠組みでとらえることができない「独自のエクリチュール」について考える必要がある、という主張である。上の1つ目の議論だけを見ると、シャルチエは旧来の出版文化を尊重し、急速なデジタル化に反対しようとしている守旧派のように見えるかもしれない。しかし彼は、デジタル技術によってはじめて可能になった、従来の出版文化によって作られてきた、冊子本や著作権という考え方から解放された新しい時代のエクリチュール（＝テキスト）のあり方まで否定しているわけではなく、むしろそれらをいかにして後世に伝えるか、というような問題にとりくまなければならない、と述べているのである。

❻それに加えて重要なのは、シャルチエが、デジタル時代の新しいテキストのあり方を肯定することと、Googleなどが進めている書籍のデジタル化のやり方に賛成することを、混同してはならない、と釘を刺している点である。確かにGoogleは、デジタル時代を代表する企業であり、新しい読書のあり方を切り拓こうとしている。しかしそれは、私たちが選ぶことのできる選択肢の1つにすぎない。私たちはつい、デジタル化＝新しい時代＝過去の否定、と短絡しがちであるが、シャルチエの言うように過去を否定しないデジタル化のあり方もあるかもしれないのである。

❼もっとも今の私には、Googleが提案するデジタル時代の新しい読書のあり方と、シャルチエが主張する「著述文化」を引き継いだデジタル化のあり方とを比べて、どちらがより望ましい未来なのかを判断することはできない。しかし、いくつかの選択肢があるのと、たった1つしかない未来とでは、前者のほうが望ましいと思う。シャルチエのこのエッセイは、そのようなことを思い出させてくれるのである。

【著者紹介】

師　　茂樹	（もろ・しげき）	花園大学教授
上地　宏一	（かみち・こういち）	大東文化大学准教授
小島　浩之	（こじま・ひろゆき）	東京大学専任講師
佐藤　仁史	（さとう・よしふみ）	一橋大学教授
田邉　　鉄	（たなべ・てつ）	北海道大学准教授
千田　大介	（ちだ・だいすけ）	慶應義塾大学教授
二階堂善弘	（にかいどう・よしひろ）	関西大学教授
山田　崇仁	（やまだ・たかひと）	立命館大学講師

大学で学ぼう　知のスキルアップ 15

2013 年 2 月 25 日　初版発行
2018 年 4 月　1 日　4 刷発行

編者	漢字文献情報処理研究会
発行者	尾方敏裕
発行所	株式会社 好文出版
	〒162-0041　東京都新宿区早稲田鶴巻町 540 林ビル 3F
	Tel. 03-5273-2739　Fax. 03-5273-2740
	http://www.kohbun.co.jp/
装丁	株式会社オルツ
DTP 制作	電脳瓦崗寨 (http://wagang.econ.hc.keio.ac.jp/)
イラスト	竹川朋子

© 2013　S.Moro, K.Kamichi, H.Kojima, Y.Sato, T.Tanabe, D.Chida, Y.Nikaido, T.Yamada
Printed in Japan　　ISBN978-4-87220-160-4

本書の内容をいかなる方法でも無断で複写・転載使用することは法律で禁じられています。
乱丁落丁の際はお取替えいたしますので、直接弊社宛てにお送りください。
定価は表紙に表示されています。

Windows 7 + Office2010 環境対応
多漢字・中国語マニュアル

電脳中国学入門

2012年2月刊行

漢字文献情報処理研究会 編　B5判・240頁・定価 本体2,000円＋税
（執筆：千田大介・上地宏一・小島浩之・佐藤仁史・田邉鉄・二階堂善弘・師茂樹・山田崇仁）

情報時代の中国学必須電脳スキル

- 漢字7万字を使いこなすなら Windows7
- ピンインのルビを自動で振ろう
- 論文・レポートを効率的に執筆するための Word テクニック
- 中国の今を知る、動画投稿サイト・ミニブログ案内
- 教師必読！Excel 成績管理マニュアル
- 充実のコンテンツ、中国学電子ジャーナル・電子図書館
- 10億字は当たり前？ 最新学術データベース情報
- とっても簡単、自前の全文データベースを作る

B5判・240頁
ISBN978-4-87220-150-5
定価 本体2,000円＋税

COLUMN

IVS（IVD）
Unicode 以外の大規模文字集合
ATOK と Google 日本語入力
Windows 7 で入力できる言語
Windows 7 の中国語フォント
フリー中国語 IME
独自コード系中国語システム
メールソフトと Web メール
論文の書き方本と Word の解説本

Windows のショートカットキー
そのほかの Office 収録ソフト
フォント・字形・字体・異体字
メディアリテラシー：統計を疑う
書誌学用語
DVD・Blu-ray Disc とリージョンコード
中国で銀行口座を開設する
ソフトウェアやデータベースの寿命
テキスト処理の参考書

※ご予約は、裏面の注文書をご利用ください。

好文出版
〒162-0041　東京都新宿区早稲田鶴巻町540　林ビル3F
●TEL　(03) 5273-2739　●URL　http://www.kohbun.co.jp/
●FAX　(03) 5273-2740　●MAIL　info@kohbun.co.jp

付録

ワークシート

学部	学年　　組	番号	氏名	チェック欄	年　　月　　日　　時限

第1課ワークシート　(☞ 10ページ)

(　　　　　　　) までの目標

To Do	期限	お金	備考

(　　　　　　　) までの目標

To Do	期限	お金	備考

一週間のスケジュール

	月	火	水	木	金	土	日
4:00							
5:00							
6:00							
7:00							
8:00							
9:00							
10:00							
11:00							
12:00							
13:00							
14:00							
15:00							
16:00							
17:00							
18:00							
19:00							
20:00							
21:00							
22:00							
23:00							
0:00							
1:00							
2:00							
3:00							

学部	学年 組	番号	氏名	年　月　日　時限 チェック欄

第4課ワークシート （☞31・34ページ）

No.
Date　　．　　．

No.
Date   .   .

| 学部 | 学年 | 組 | 番号 | 氏名 | チェック欄 | 年　月　日　時限 |

第7・8課ワークシート　（☞ 57・67ページ）

学部	学年 組	番号	氏名	チェック欄	年　月　日　時限

第7・8課ワークシート　（☞ 60・70 ページ）

	年　　月　　日　　時限
学部　　　　学年　組	番号　　　　氏名　　　　チェック欄

第8課ワークシート　（☞67ページ）

段落	主張の抜き書き
❶	
❷	
❸	
❹	
❺	
❻	
❼	

要約

（150字要約欄）

		年　　月　　日　　時限
学部　　　　　学年　組	番号　　　　　氏名	チェック欄

第9課ワークシート　（☞ 75ページ）

抜き書き	問いかけ	対策

抜き書き	問いかけ	対策

学部	学年 組	番号	氏名	年 月 日 時限 チェック欄

第 12 課ワークシート (☞ 104 ページ)

発表者：(　　　　　　　　　　) さん

※ 5 点満点で該当する数字を○で囲いましょう。

評価項目	説明	評価 良い　普通　悪い
姿勢	良い姿勢だったか。	5・4・3・2・1
視線	台本やスライドばかりを見ていなかったか。聴衆全体に視線を送っていたか。	5・4・3・2・1
発声　声の大きさ	聞きやすい声の大きさだったか。	5・4・3・2・1
話す速さ	速すぎたり遅すぎたりしなかったか。	5・4・3・2・1
滑舌	スムーズな話し方だったか。	5・4・3・2・1

コメント・感想

発表者：(　　　　　　　　　　) さん

※ 5 点満点で該当する数字を○で囲いましょう。

評価項目	説明	評価 良い　普通　悪い
姿勢	良い姿勢だったか。	5・4・3・2・1
視線	台本やスライドばかりを見ていなかったか。聴衆全体に視線を送っていたか。	5・4・3・2・1
発声　声の大きさ	聞きやすい声の大きさだったか。	5・4・3・2・1
話す速さ	速すぎたり遅すぎたりしなかったか。	5・4・3・2・1
滑舌	スムーズな話し方だったか。	5・4・3・2・1

コメント・感想

発表者：（　　　　　　　　　　　　）さん

※5点満点で該当する数字を○で囲いましょう。

評価項目		説明	評価　良い　　普通　　悪い
姿勢		良い姿勢だったか。	5 ・ 4 ・ 3 ・ 2 ・ 1
視線		台本やスライドばかりを見ていなかったか。 聴衆全体に視線を送っていたか。	5 ・ 4 ・ 3 ・ 2 ・ 1
発声	声の大きさ	聞きやすい声の大きさだったか。	5 ・ 4 ・ 3 ・ 2 ・ 1
	話す速さ	速すぎたり遅すぎたりしなかったか。	5 ・ 4 ・ 3 ・ 2 ・ 1
	滑舌	スムーズな話し方だったか。	5 ・ 4 ・ 3 ・ 2 ・ 1

コメント・感想

発表者：（　　　　　　　　　　　　）さん

※5点満点で該当する数字を○で囲いましょう。

評価項目		説明	評価　良い　　普通　　悪い
姿勢		良い姿勢だったか。	5 ・ 4 ・ 3 ・ 2 ・ 1
視線		台本やスライドばかりを見ていなかったか。 聴衆全体に視線を送っていたか。	5 ・ 4 ・ 3 ・ 2 ・ 1
発声	声の大きさ	聞きやすい声の大きさだったか。	5 ・ 4 ・ 3 ・ 2 ・ 1
	話す速さ	速すぎたり遅すぎたりしなかったか。	5 ・ 4 ・ 3 ・ 2 ・ 1
	滑舌	スムーズな話し方だったか。	5 ・ 4 ・ 3 ・ 2 ・ 1

コメント・感想

| 学部 | 学年 組 | 番号 | 氏名 | 年　月　日　時限 チェック欄 |

第15課ワークシート （☞127ページ）

	評価項目	評価　良い　普通　悪い
授業について		
❶	予習（語学の予習・事前に教科書を読むなど）したか。	5・4・3・2・1
❷	ノートを適切にとることができたか。	5・4・3・2・1
❸	グループワークなどがある授業で、積極的に発言することができたか。	5・4・3・2・1
❹	復習（ノートの整理など）したか。	5・4・3・2・1
❺	授業で学んだ知識は身についたか。	5・4・3・2・1
❻	授業を聞くことで、主体的な問題意識を持つことができたか。	5・4・3・2・1
自習について		
❼	自分の大学の図書館を利用したか。	5・4・3・2・1
❽	ほかの大学の図書館・公共図書館を利用したか。	5・4・3・2・1
❾	研究書や論文など、大学図書館ならではの資料を手にとってみたか。	5・4・3・2・1
❿	授業中に示された参考文献を読んだか。	5・4・3・2・1
⓫	主体的な問題意識に基づいて、自主的な学習（情報収集・読書・博物館や美術館などの見学・映画鑑賞・旅行など）を行ったか。	5・4・3・2・1
学生生活について		
⓬	メールやSNSで、情報モラルを守っているか。	5・4・3・2・1
⓭	教員に質問したり、オフィスアワーを活用したりすることができたか。	5・4・3・2・1
⓮	サークル活動やアルバイトなどで、新しいことにチャレンジしたか。	5・4・3・2・1
⓯	長期休暇についての計画を立てたか。	5・4・3・2・1
⓰	大学でのさまざまな学びや活動が、社会に出てからも役に立つことが理解できたか。	5・4・3・2・1